本书得到
首都高端智库研究项目"北京服务业发展指数评价研究"
（批准号：GDZK20220107001）的资助

北京市现代服务业
高质量发展指数报告
（2023）

赵家章　苏二豆 / 著

经济日报出版社
北　京

图书在版编目（CIP）数据

北京市现代服务业高质量发展指数报告. 2023 / 赵家章, 苏二豆著. -- 北京：经济日报出版社，2024.10
ISBN 978-7-5196-1369-3

Ⅰ.①北… Ⅱ.①赵… ②苏… Ⅲ.①服务业-经济发展-指数-研究报告-北京-2023 Ⅳ.①F726.9

中国国家版本馆 CIP 数据核字（2023）第 225652 号

北京市现代服务业高质量发展指数报告（2023）
BEIJINGSHI XIANDAI FUWUYE GAOZHILIANG FAZHAN ZHISHU BAOGAO (2023)

赵家章　苏二豆　著

出　　版：	经济日报出版社
地　　址：	北京市西城区白纸坊东街2号院6号楼710（邮编100054）
经　　销：	全国新华书店
印　　刷：	北京建宏印刷有限公司
开　　本：	710mm×1000mm　1/16
印　　张：	12.75
字　　数：	196千字
版　　次：	2024年10月第1版
印　　次：	2024年10月第1次印刷
定　　价：	52.00元

本社网址：www.edpbook.com.cn　微信公众号：经济日报出版社
未经许可，不得以任何方式复制或抄袭本书的部分或全部内容，**版权所有，侵权必究**。
本社法律顾问：北京天驰君泰律师事务所，张杰律师　举报信箱：zhangjie@tiantailaw.com
举报电话：010-63567684
本书如有印装质量问题，请与本社总编室联系，联系电话：010-63567684

前　言

随着我国经济结构转型升级进程不断加快,服务业发展规模持续扩大并逐渐领跑国民经济增长,成为我国经济发展的主动力。特别是在创造税收、吸纳就业、新设市场主体、固定资产投资、对外贸易等方面,我国服务业实现了全面领跑,有力地支撑了国民经济健康发展。近年来,随着供给侧结构性改革深入推进,服务业结构持续优化,服务业新动能不断孕育,新产业新经济蓬勃兴起,我国发展现代服务业的活力和实力也在不断增强。我国政府在"十四五"规划中明确提出,要加快发展服务业尤其是现代服务业,要推动现代服务业同先进制造业、现代农业深度融合。北京市也进一步提出,北京作为首都,要以建设全球创新中心为引领,加快培育金融、科技、信息、文化创意、商务服务等现代服务业,加快构建与首都城市定位相适应的现代服务业体系,塑造具有全球竞争力的"北京服务"品牌,打造国际一流的高能级服务枢纽,有力支撑"四个中心"功能建设和"四个服务"水平提升,更好服务首都高质量发展全局。现阶段,我国正开启全面建设社会主义现代化国家新征程,积极构建以国内大循环为主体、国内国际双循环相互促进的新发展格局。北京市现代服务业不仅成为拉动北京经济增长的主引擎,也为全国服务业开放发展和创新发展提供示范引领,更为实现北京高质量发展和新阶段构建新发展格局提供强大动力。

当前,世界正面临巨大的科技革命和产业变革浪潮,人工智能、大数据和物联网等数字技术的兴起促使数字经济与现代服务业加速发展,极大地促进了现代服务业新理念、新业态、新模式的产生。北京作为首都,拥有全国领先的数字基础设施和交通基础设施,源源不断的人才资源,高水平的对外开放程度，巨大的外资吸引力和消费市场，以及凝聚全球高端资源的能力。然而，与国际发达现代服务业城市相比，北京市现代服务业发展起步较晚，重点领域开放程度有限，新科技研发、应用以及培育数据要素市场与国际水平相比存在一定差距，数字赋能应用水平和配置全球高端资源能力等方面仍有待加强。因此，北京更应抓住当前发展高质量现代服务业的契机，以建设全球科技创新中心为引领，构建与首都城市定位相适应的现代服务业体系，塑造具有全球竞争力的"北京服务"品牌，打造国际一流的高能级服务枢纽，推动北京基本建成具有国际竞争力的现代服务业体系，支撑北京成为国际一流的高能级服务枢纽。

近年来，北京服务业整体规模日益扩大，内部结构持续优化。从服务业发展整体规模来看，北京服务业增加值及其占GDP的比重稳步提升。服务业增加值从2000年的2174.9亿元增长至2023年的37129.6亿元，服务业增加值占GDP的比重由2000年的66.4%提高至2023年的84.8%。从内部结构来看，金融服务业显现出较强的竞争力，软件和信息服务业表现出杰出的增长能力，科技服务业显示出强劲的创新增长动力。依托建设国家服务业扩大开放综合示范区和中国（北京）自由贸易试验区（"两区"建设），北京形成利用外资的强力磁场，服务业实际利用外资金额由2000年的22.2亿美元增长至2022年的174.1亿美元。全球高端资源加速集聚，推动北京现代服务业向高端化、国际化方向迈进。然而，对标国际最高标准与先进水平，北京现代服务业高质量发展仍存在深层次问题，具体表现在：重点领域开放度有限，投资监管服务水平有待提升；数字化程度不高，发展不均衡等问题日益凸显；国际化发展能级不高，全球资源配置能力有待增强；开放发展的要素供给环境有待优化，特别是在人才配套服务、监管体系建设方面存在短板。

未来，北京应紧抓我国经济高质量发展转型这一契机，结合自身特点和国际发展经验，积极发挥长板优势，补齐短板不足，不断提升现代服务业的国际竞争力。具体而言，北京应以高精尖领域引领服务业转型升级为重点，推动现代服务业发展提质增效；推动生产性服务业向专业化和价值链高端延伸，塑造具有全球竞争力的"北京服务"品牌；依托"两区"建设加强与国际服务业规则标准接轨，推动服务业重点行业高水平开放；推动数字经济与服务经济融合发展，全面提升服务业数字化发展能级；提升全球资源配置能级和国际高端服务能力，打造国际一流高能级服务枢纽；构建开放领先的服务业要素生态体系，引导新业态新模式规范有序发展。在推动北京现代服务业高质量发展的进程中，针对北京现代服务业发展水平的综合性评估必不可少。然而，目前关于北京市现代服务业发展水平的直观数量指标尚未形成权威、科学、系统的体系。因此，构建一套科学全面且富有北京特色的现代服务业高质量发展指标体系十分必要，其不仅能够反映北京现代服务业发展现状，还能突出北京在现代服务业高质量发展过程中的问题及国际差距，为北京进一步厘清发展方向、加快现代服务业高质量发展步伐，更好地服务于国家经济发展大局提供参考。

为此，本书构建了北京现代服务业高质量发展指数，从发展基础、科技创新、数字赋能和对外开放四个层面，构建了包含4个一级指标、10个二级指标和26个三级指标的现代服务业高质量发展指标体系，通过指数得分来直观反映包含北京在内的5个现代服务业发展特色城市在发展基础、科技创新、数字赋能和对外开放等方面的现状与特征，总结出北京市"十四五"时期现代服务业高质量发展的重点方向与可借鉴的经验。另外，本书还专门设置了专题篇，综合现代服务业发展的国际规律和世界趋势，选择了巴黎、纽约、伦敦、东京、新加坡、中国香港、上海和深圳8个在全球具有服务业领先优势的城市，通过对城市服务业历史沿革、现状、发展布局规划的分析以及与北京服务业发展的比较分析，从强化现代服务业特色产业优势，加强专业服务和创新人才培养，加快城市服务功能融合与集聚，促进世界城市之间在现代服务业方面的交流与合作，推进国内市场自由化、便利化，加大城市服务业对外开放水平等方面，为北京市现代服务业内部结构优化、规则制度国际化、产业融合数字化、资源配置全球化、发展环境和新业态规范治理系统化提出可供参考的政策建议，同时也为国内城市现代服务业提供突出发展优势和提升发展短板等可持续的高质量发展方案。

本书由赵家章负责总体设计以及书稿总撰，苏二豆协助。在书稿付梓之时，要感谢首都经济贸易大学的多位硕士生和博士生，他们负责本书的资料整理、数据筛选与测算等工作。具体分工如下：张瑜桐为数据筛选小组负责人，石若瑾和王欣睿为指数测算小组负责人，赫婷婷和张瑜桐为图表整合与文字分析小组负责人。正文部分的文字分析初稿提供者分别是：丁国宁（第一章）、王欣睿（第二章第一节、第三章第二节、第三节和第九章）、张瑜桐（第二章第二节、第三章第一节和第八章）、周凡煜（第二章第三节、第五章第一节和第七章）、石若瑾（第四章和第十二章）、张郅杰（第五章第二节和第十三章第一节、第二节）、周家正（第五章第三节和第六章第三节、第四节、第五节）、赵文博（第五章第四节和第十一章第三节、第四节）、商艺凡（第十章）、严米（第六章第一节、第二节）、赫婷婷（第十一章第一节、第二节）、果然（第十三章第三节、第四节）。

作者

2024 年 2 月

目　录

指数篇　北京现代服务业高质量发展指数

第一章　北京现代服务业高质量发展指数构建的背景　2
　第一节　北京现代服务业发展的进展与成效　2
　第二节　北京现代服务业发展的问题分析　8
　第三节　北京现代服务业高质量发展指数构建的必要性　12

第二章　现代服务业发展相关理论基础　14
　第一节　指数编制理论　14
　第二节　现代服务业发展理论　19
　第三节　北京现代服务业研究进展　29

第三章　北京现代服务业高质量发展指数构建　33
　第一节　指标体系　33
　第二节　测算方法　40
　第三节　样本选取和数据来源　42

第四章　北京现代服务业高质量发展指数：总指数　46

第五章　北京现代服务业高质量发展指数：分指数　55
　第一节　发展基础指数　55
　第二节　科技创新指数　61
　第三节　数字赋能指数　68
　第四节　对外开放指数　74

1

专题篇　世界现代服务业发展领先城市的镜鉴

专题一　国外现代服务业发展领先城市的发展经验与思考 ……… 81
第六章　纽约现代服务业发展分析 …………………………………… 82
- 第一节　引言 …………………………………………………… 82
- 第二节　文献综述 ……………………………………………… 83
- 第三节　美国纽约服务业发展现状分析 ……………………… 85
- 第四节　纽约服务业发展历程与政策启示 …………………… 88
- 第五节　总结 …………………………………………………… 94

第七章　伦敦现代服务业发展分析 …………………………………… 96
- 第一节　引言 …………………………………………………… 96
- 第二节　文献综述 ……………………………………………… 98
- 第三节　伦敦服务业发展现状 ………………………………… 99
- 第四节　对北京服务业高质量发展的启示 …………………… 110
- 第五节　总结 …………………………………………………… 112

第八章　东京现代服务业发展分析 …………………………………… 113
- 第一节　引言 …………………………………………………… 113
- 第二节　文献综述 ……………………………………………… 114
- 第三节　东京现代服务业发展现状分析 ……………………… 115
- 第四节　对北京服务业高质量发展的政策建议 ……………… 118

第九章　新加坡现代服务业发展分析 ………………………………… 122
- 第一节　引言 …………………………………………………… 122
- 第二节　文献综述 ……………………………………………… 123
- 第三节　新加坡服务业发展的经济基础 ……………………… 123
- 第四节　新加坡服务业发展现状与特征 ……………………… 129
- 第五节　新加坡服务业发展的影响因素 ……………………… 132
- 第六节　新加坡现代服务业发展对北京的启示 ……………… 134

第十章　巴黎现代服务业发展分析 …… 137
第一节　引言 …… 137
第二节　文献综述 …… 138
第三节　巴黎服务业发展现状分析 …… 139
第四节　对北京服务业发展的启示 …… 145

专题二　国内现代服务业发展领先城市的发展经验与思考 …… 147

第十一章　香港现代服务业发展分析 …… 148
第一节　引言 …… 148
第二节　文献综述 …… 149
第三节　香港服务业发展现状 …… 151
第四节　香港服务业发展的经验和启示 …… 156

第十二章　上海现代服务业发展分析 …… 158
第一节　引言 …… 158
第二节　文献综述 …… 160
第三节　上海市服务业发展现状与对比 …… 162
第四节　上海市服务业发展经验与启示 …… 167
第五节　总结 …… 168

第十三章　深圳现代服务业发展分析 …… 170
第一节　引言 …… 170
第二节　文献综述 …… 171
第三节　深圳服务业发展现状 …… 173
第四节　对北京市服务业发展的启示 …… 177

参考文献 …… 180

指数篇　北京现代服务业高质量发展指数

随着国家服务业扩大开放综合示范区和中国（北京）自由贸易试验区的建设，北京市成为全国率先实现"双80%"服务经济发展格局的城市，且凭借科技创新、服务业开放和数字经济三大经济发展特征，现代服务业成为拉动北京经济增长的主引擎。2022年，北京市地区金融业，信息传输、软件和信息技术服务业，科学研究和技术服务业增加值分别为8196.7亿元、7456.2亿元和3465亿元，占北京市地区生产总值的比重分别为19.7%、17.9%和8.3%，合计占北京市地区生产总值的45.9%，正逐步实现由现代服务业引领城市经济增长的高质量发展格局。《北京市"十四五"时期现代服务业发展规划》强调将着重在现代金融、信息服务、科技服务、文化产业、商务服务开放、超大城市流通、生活服务七大领域提质升级，以增强北京市的全球资源配置能力和城市服务功能影响力。指数篇包含了五个章节，以当前北京现代服务业高质量发展规划为指数构建背景，通过对行业发展进展、成效、问题和必要性进行归纳分析，全面系统科学地构建了包含4个一级指标、10个二级指标和26个三级指标的现代服务业高质量发展指数评价体系。同时，考虑到现代服务业高质量发展研究样本之间的可比性，本篇第四章和第五章选择北京、上海、广州、深圳和杭州5个具有代表性的城市进行指数测度，时间周期选择在现代服务业高速发展的2011—2021年，通过总指数评价和分指数补充深入研究北京现代服务业发展优势与潜力。

第一章　北京现代服务业高质量发展指数构建的背景

第一节　北京现代服务业发展的进展与成效

（一）服务业整体规模日益扩大，现代服务业成为拉动北京经济增长的主引擎

北京服务业总体规模不断扩大，近年来服务业增加值及其占GDP的比重稳步提升，现代服务业成为拉动北京经济增长的主引擎。从服务业发展整体规模来看，服务业增加值从2000年的2174.9亿元增长至2021年的3.3万亿元，增长了16倍，2020年首次突破3万亿元，服务业增加值占GDP的比重由2000年的66.4%提高至2021年的81.7%，主导产业地位进一步巩固（见图1-1-1）。税收贡献大幅提升，2021年北京服务业税收收入1.2万亿元，占北京税收收入的87.5%，为推动经济发展、改善民生、加快城市建设提供了有力的资金保障。

其中，现代服务业多领域协调发展，科学研究和技术服务业、金融业与信息传输、软件和信息技术服务业齐头并进，成为拉动北京经济增长的主引擎。科学研究和技术服务业实力持续增强，2021年，科学研究和技术服务业实现增加值3198.2亿元，占北京服务业增加值比重的9.7%。新产业新业态持续涌现，互联网医疗、中医药、智慧健康服务、健康产品消费等领域加快发展。数字技术催生了服务新理念、新业态、新模式，也促进了北京文旅、

商贸、体育等传统服务业与现代服务业相结合。金融业总体规模不断扩大，金融机构数量和质量双双提升，2021年，金融业实现增加值7603.7亿元，与2001年的519.7亿元相比，增长了近14倍（见图1-1-2）。金融业经济贡献度大幅提升，2021年金融业增加值占GDP的比重为18.82%，较2001年的13.46%增长了5.36%（见图1-1-2）。金融业实现地方级一般公共预算收入、地方级税收的占比均超过1/5，成为北京税收收入的支柱行业。信息传输、软件和信息技术服务业蓬勃发展，在经济发展中的战略性支柱地位进一步显著。北京信息传输、软件和信息技术服务业增加值从2001年的233亿元增长至2021年的6535.3亿元，增长了27倍，占服务业增加值的比重从2001年的8.78%上升至2021年的19.8%，增加了11.02%（见图1-1-3）。据北京统计局数据，2021年，北京软件和信息服务业实现营业收入2.2万亿元，规模居全国首位；行业人均营业收入突破200万元，是2017年的1.8倍，规模以上企业平均营业收入达5.7亿元，是2017年的1.9倍，经济效益持续攀升。北京有18家软件企业规模达到百亿级别，头部互联网平台企业拥有大量活跃用户，对全国甚至全球用户的工作和生活产生了深远影响。

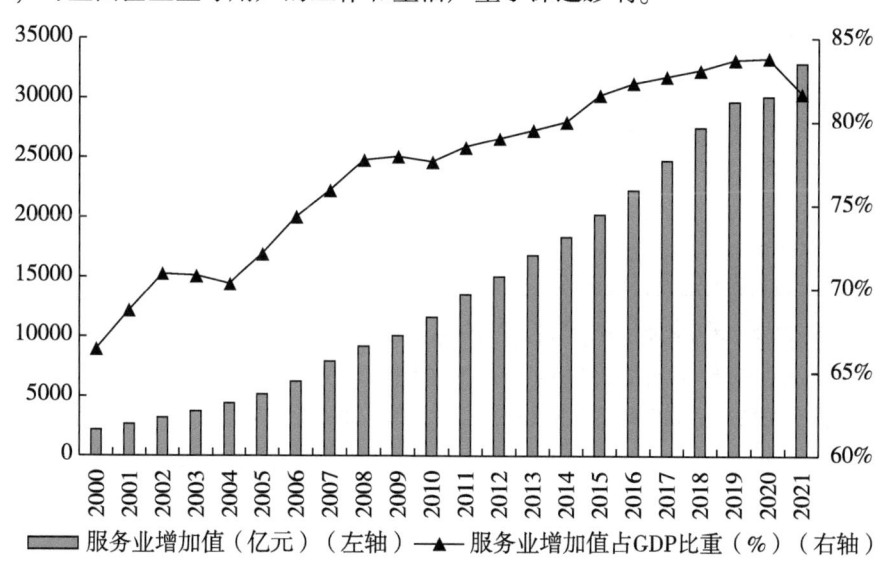

图1-1-1 2000—2021年北京服务业增加值及其占GDP的比重

数据来源：《北京统计年鉴2023》

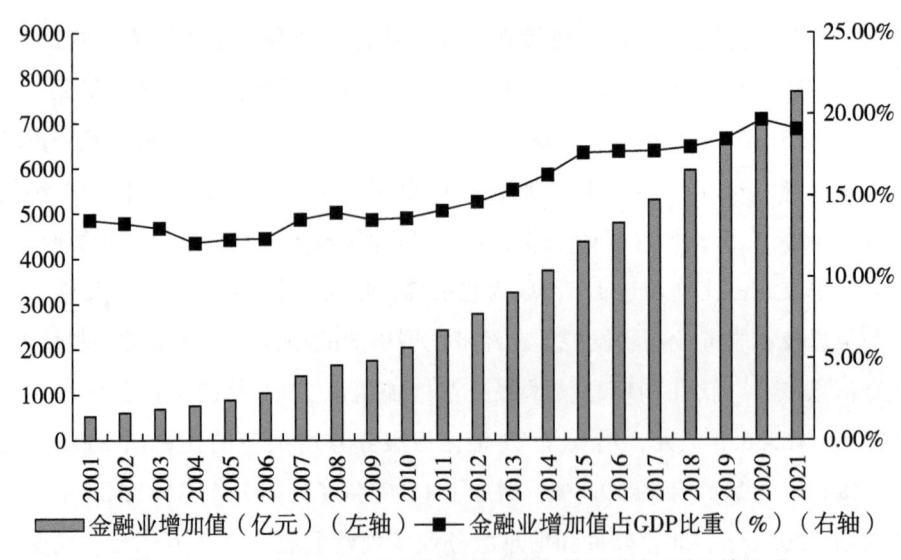

图 1-1-2　2001—2021 年北京金融业增加值及其占 GDP 的比重

数据来源：《北京统计年鉴 2023》

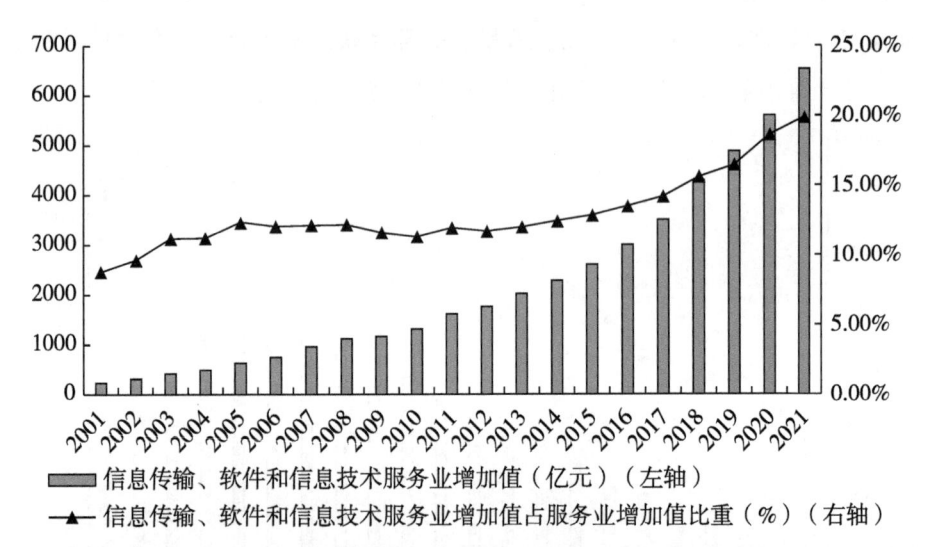

图 1-1-3　2001—2021 年北京信息传输、软件和信息技术服务业增加值及其占 GDP 的比重

数据来源：《北京统计年鉴 2023》

（二）服务业内部结构持续优化，现代服务业快速发展

北京服务业内部结构持续优化，知识、技术密集型现代服务业比重不断

上升，服务业结构向高端化快速发展。从服务业内部结构来看，金融服务业显现出较强的竞争力，软件和信息服务业表现出杰出的增长能力，科技服务业显示出强劲的创新增长动力。2020年，金融业，信息传输、软件和信息技术服务业，科学研究和技术服务业增加值占服务业增加值的比重分别为23.7%、18.3%和10%，合计占服务业增加值的比重为52%（见图1-1-4）。2021年，金融业增加值为7603.7亿元，信息传输、软件和信息技术服务业增加值为6535.3亿元，科学研究和技术服务业增加值为3198.2亿元，合计占北京GDP的43.1%。2022年，北京市地区金融业，信息传输、软件和信息技术

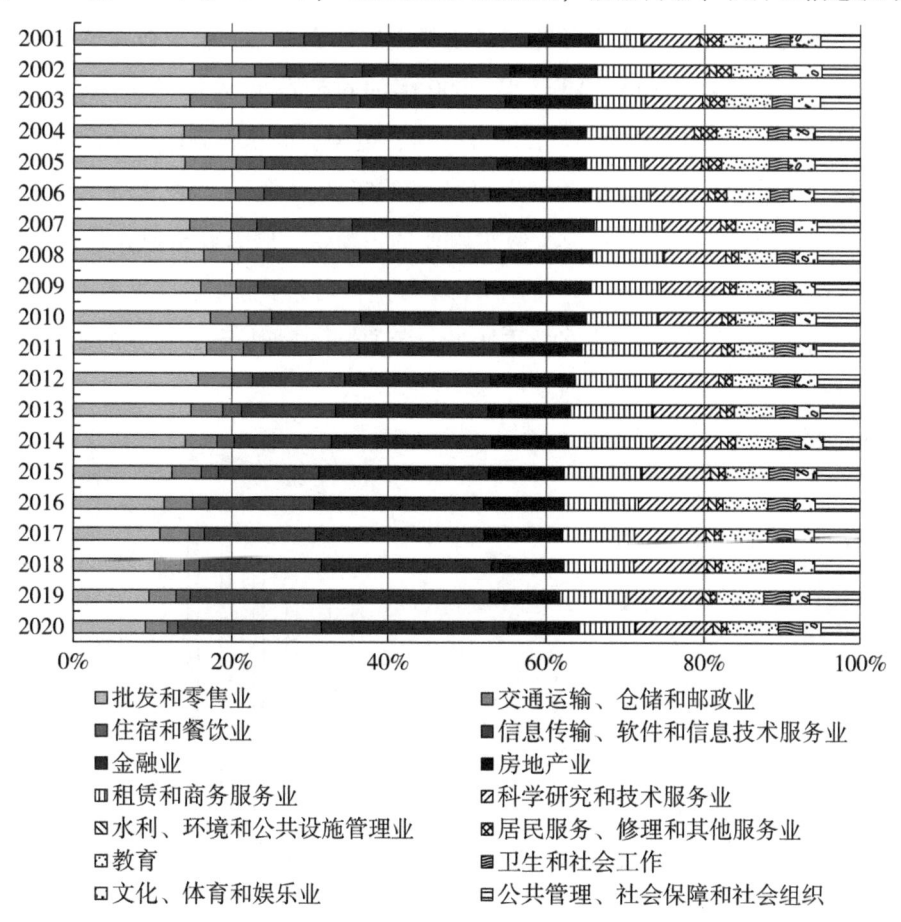

图 1-1-4　2001—2020年北京服务业分行业占服务业增加值的比重

数据来源：《北京统计年鉴2023》

服务业，科学研究和技术服务业增加值分别为 8196.7 亿元、7456.2 亿元和 3465 亿元，合计占北京市地区生产总值的 45.9%。相比于批发和零售业的明显萎缩，金融业，信息传输、软件和信息技术服务业，科学研究和技术服务业等三类现代服务业占 GDP 的比重明显上升。

（三）服务业质量效益不断提升，成为引领北京高质量发展的主力军

北京服务业质量效益不断提升，服务业劳动生产率和吸纳就业水平不断提高，现代服务业已成为引领北京高质量发展的主力军。服务业发展质量持续向好，劳动生产率稳步提升，从 2000 年的 6.5 万元/人提升至 2021 年的 34.9 万元/人，增长了约 4.37 倍。2020 年，金融、信息服务、科技服务、商务服务、文体娱乐五大领域劳动生产率达到 55.4 万元/人，是北京全员劳动生产率的 2 倍左右。服务业成为吸纳就业的主渠道，服务业从业人数从 2000 年的 338.2 万人增长至 2021 年的 1008.4 万人，增加了近 2 倍（见图 1-1-5），服务业就业人数占总就业人数的比重从 2000 年的 54.6% 增长至 2021 年的 87.1%。

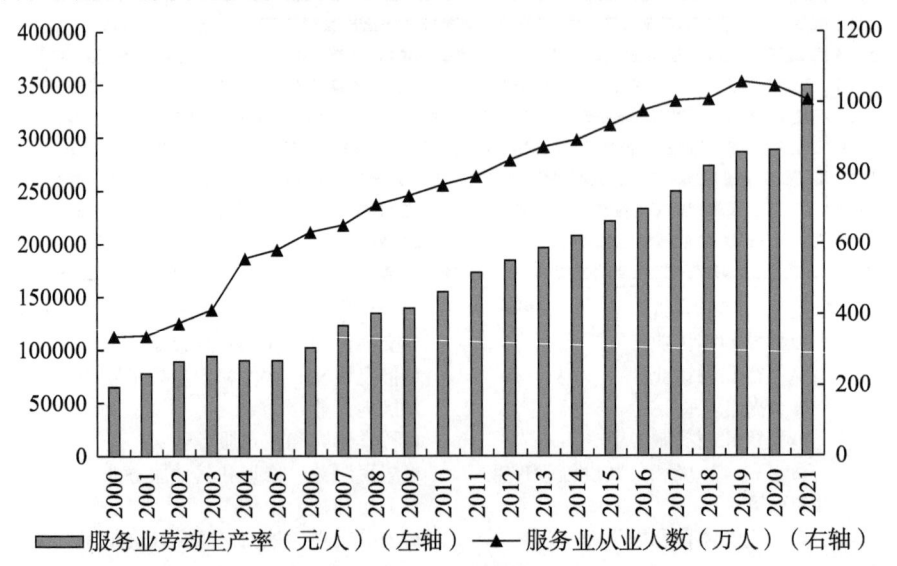

图 1-1-5　2000—2021 年北京服务业劳动生产率及就业人数

数据来源：《北京统计年鉴 2023》

营商环境的持续优化促进了服务业企业数量和从业人员薪资水平的不断提升。根据统计数据，北京服务业企业数量从 2009 年的 36177 家增加至 2020 年的 39640 家，服务业从业人员薪资从 2009 年的 98016 元上升至 2020 年的 261719 元，增长了近 1.7 倍。

（四）服务业扩大开放成效显著，现代服务业形成利用外资的强力磁场

北京服务贸易发展水平不断提升，形成利用外资的强力磁场，全球高端资源加速集聚，推动服务业向高端化、集聚化、国际化方向迈进。服务业实际利用外资金额由 2000 年的 22.2 亿美元增长至 2021 年的 144.4 亿美元，增长了约 5.5 倍，服务业利用外资总额比例呈现动态变化趋势，2021 年服务业利用外资占比达 94.4%（见图 1-1-6）。其中现代服务业对外资具有较强吸引力，科学研究和技术服务业外资占据北京利用外资总额的 34%，信息传输、软件和信息技术服务业占 31.6%（见图 1-1-7）。同时，北京加大金融开放力度，金融机构数量和质量实现了双提升，累计吸引 272 家金融机构落户，注册资本规模合计 5470.42 亿元，同期法人机构数量增加 110 家，总部企业增加

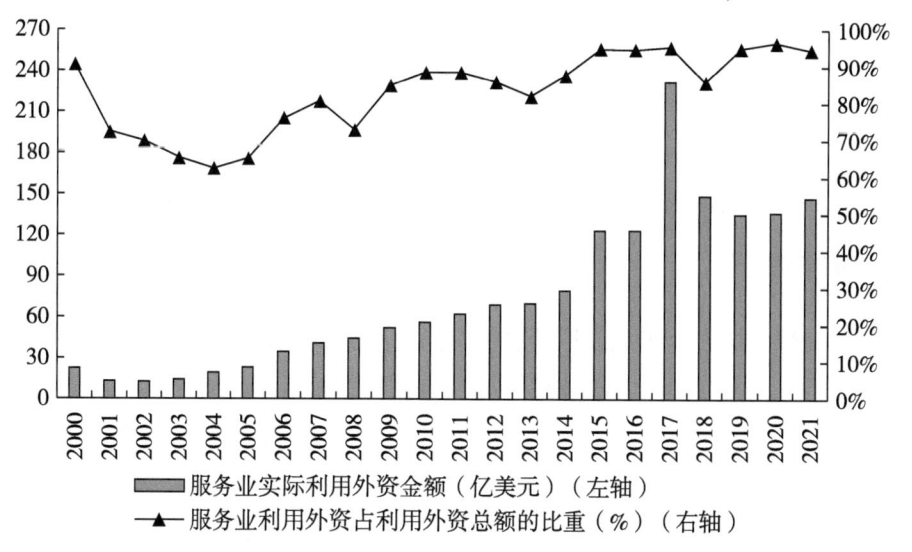

图 1-1-6　2000—2021 年北京服务业实际利用外资金额及占比情况

数据来源：《北京统计年鉴 2023》

525家。全球各大金融机构均在北京设立营业性分支机构或代表处，现有外资金融机构分支机构160余家，外资金融机构代表处200余家。当前，北京不断加速全球高端资源聚集，截至2020年底，北京跨国公司地区总部累计达186家，国际组织总部及分支机构超30家，外资代表机构超3000家，世界银行、国际货币基金组织、亚洲开发银行等国际知名金融组织落户北京。

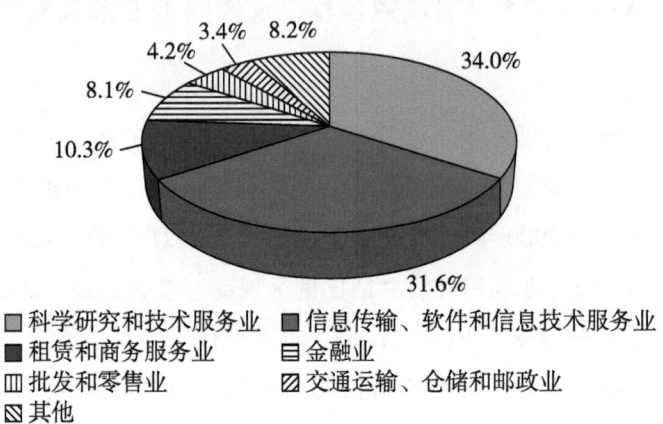

图1-1-7　2020年北京服务业实际利用外资金额结构

数据来源：《北京统计年鉴2021》

第二节　北京现代服务业发展的问题分析

（一）现代服务业重点领域开放度有限，制度规则对标国际先进水平有待提升

一是现代服务业重点领域开放度有限。在外资准入方面，例如，保险业、商业银行、证券市场竞争度较低，仍存在股比限制，不少还要求必须控股，而世界主要发达经济体在上述领域基本上不要求股比限制或限制的领域较窄、要求较低。在资金流动方面，由于国家外汇管理政策的调整，金融机构、跨国公司在境内外资金结算、调配过程中出现了周期延长、成本加大等问题。另外，在跨境交付、跨境消费和自然人移动等模式下的服务贸易，也存在着市场准入方面的限制。

二是现代服务业行业领域和区域开放发展程度差异较大。主要表现在科技、互联网信息和金融领域的开放程度较高，利用外资的规模远高于文化创意服务业等领域。另外各区之间利用外资规模的差距增大，中心城区利用外资的比重远高于其他区。京津冀协同发展整体水平有待提升，特别是在区域连接性、经济开放程度、经济集聚程度方面与国际先进城市群有一定差距。当前，京津冀城市群内城市之间发展水平差异过大，特别是在外资企业数量、公共服务水平、人均可支配收入、人均教育支出、人均医疗支出等方面，天津市、河北省与北京市差异较大。

三是现代服务业对接国际高标准规则和投资监管水平有待提升。在透明度方面，存在具体领域新政策认知不到位或者渠道不通畅等问题，亟待进一步加强政策解读的专业性和覆盖面，惠及更多现代服务业企业。在高效率方面，与新加坡、纽约相比，北京对各行业经营许可资质和牌照等的监管效率有待提升。在包容监管方面，对现代服务业新技术、新模式、新业态等"包容审慎"的监管能力有待提升。在知识产权方面，知识产权转化与运用表现较弱，知识产权融资环境有待进一步优化。

（二）现代服务业与数字经济融合发展不足，数字赋能应用水平有待提升

北京现代服务业数字化程度不高、发展不均衡等问题日益凸显，数字技术应用赋能现代服务业发展的水平有待提升。

一是现代服务业数字化程度还不够高。除了金融、信息服务等行业，现代服务业其余领域数字化程度偏低。现代服务业细分行业的数字化水平存在较大差异，产业链发展并不均衡。相较于产业链下游直接面向消费者的商户，现代服务业产业链上游的原材料供应和中游的物流运输环节的数字化水平仍有待提高。头部企业在构建产业生态圈、引领新技术变革等方面仍存在差距，整合资源和带动产业链能力不足，生态链企业缺乏深度合作，对数字经济带动作用有限。

二是新科技研发和应用以及培育数据要素市场等方面仍需加强。当前数字经济和数字贸易已经成为各国经济新的发展重点，以5G、人工智能、区块

链、云计算为代表的新技术，以及在生产、交换、消费环节中不断产生的数据资源，不仅对产业发展方向产生重要影响，而且也深刻地影响着居民的生活。北京在加快新科技的研发和应用，尤其是培育数据要素市场方面的工作仍需要加强。另外，面临数字治理规则的挑战。目前高标准的国际经贸规则，都涉及数字贸易，包括跨境数据流动、知识产权保护、取消数据本地化限制，让数字贸易更加自由化、便利化。

三是现代服务业数字化赋能水平与世界发达城市相比差距依旧明显，两业融合水平有待提升。生活性服务业细分行业数字化水平存在明显差距。例如，数字化水平最高的电影票务在线化率约为86%，但本地出行数字化率不足29%，餐饮更是只有13%。生产性服务业内部结构不合理。生产性服务业中，房地产业和金融业所占比重偏高，信息服务业、科技服务业、商务服务业等比重较小。电信、法律等服务业对外开放度不够，高技术生产性服务业对外依赖大。制造业与服务业融合程度还不高，制造业服务化水平有待提升。要素自由流动不畅。数据要素市场不健全，数据流动难、共享难，数据交易规则、数据交易体系和数据交易模式不够成熟。数据安全有效监管仍需加强，如果对数据跨境流动的监管过严，就会影响企业全球化经营。

（三）现代服务业国际化发展能级不高，全球资源配置能力有待加强

一是现代服务业国际化发展能级不高。全球最有影响力的城市都是服务贸易中心城市，例如纽约、伦敦、东京等世界级城市，它们产业高度开放，资金、人才、数据等要素流动自由；现代服务业发达，服务贸易竞争力强。在要素层面，对人员、资金、数据等要素具有强大吸引力；在产业层面，它们是全球顶尖企业的汇聚之地，是国际价值链的中枢；在制度层面，它们有开放自由的营商环境和优惠便利的制度安排。虽然北京不断加大吸引国际组织、跨国公司、国际化人才等国际高端要素力度，但现代服务业国际化发展能级还不够高，服务贸易综合竞争力与全球服务贸易中心城市仍存在差距。

二是现代服务业利用外资水平与世界发达城市存在差距。例如，2021年我国香港现代服务业利用外资金额为1.78万亿美元，伦敦为6523.7亿美元，纽约为1831.9亿美元，而北京仅为146.9亿美元。在利用外资方面，实际利用外资情况已逐步落后广州、上海，对外投资存量仅为上海的62%、深圳的50%。

三是全球服务市场辐射和资源配置能力有待加强，国际高能级服务枢纽的公共服务体系有待完善。亟须提升现代服务业领域的话语权和控制权，通过延伸研发、设计、生产、销售、服务等产业价值链各个环节，实现对资本、创新、人才、信息等资源的全球配置。对标国际通行规则和标准，健全投资、工作、留学、生活、医疗服务、旅游等领域符合外籍人士需求的便利化公共服务体系。

（四）现代服务业开放发展环境有待优化，新业态规范治理面临挑战

现代服务业开放发展的要素供给环境有待优化，特别是在人才配套服务、监管体系建设方面存在短板，制约新业态发展。

一是人才配套服务有待加强。在人才引进及服务保障、医疗养老、国际人才社区建设等重点领域开放政策亟须系统性的解决方案。同时，与外省市相比，北京在运用企业所得税和个人所得税政策方面突破性有待加强，针对鼓励型企业和紧缺人才的政策激励还不够充分。

二是体制机制不够完善，影响现代服务业高质量发展。相对于其他宜居城市，北京在政策的灵活性和服务的精准性等方面还存在一定差距。为了实现跨行业、跨领域、跨系统的协同发展，需要进行制度性突破，并改善服务标准、市场准入、从业人员资格认定、成本核算等方面的制度。资源配置方面仍存在机制性障碍，高端创新人才主要集中在科研机构、高校，而中小微企业特别是科技型中小企业，普遍存在招工难和高离职率等问题。北京在文化创意人才、金融管理人才、中介经纪人才、专利发明者等方面也存在人才不足问题。

三是新业态监管有待加强。对新业态、新模式，缺乏促进政策和监管机制，例如互联网金融、平台垄断等。对会计、法律等商务现代服务业的事后监督不足，新业态监管水平有待提升。

第三节　北京现代服务业高质量发展指数构建的必要性

党的二十大报告明确指出要"构建优质高效的服务业新体系，推动现代服务业同先进制造业、现代农业深度融合"。在全面推动国家服务业扩大开放综合示范区和中国（北京）自由贸易试验区建设中，北京已在全国率先形成服务业占 GDP 比重在 80% 以上、现代服务业占服务业比重在 80% 以上的"双 80%"服务经济发展格局。北京市始终全面贯彻新发展理念，围绕"两区"建设，加快构建与首都功能相适应的高质量现代服务业体系。当前，北京市现代服务业总体保持稳中有进的发展态势，增加值迈上 2.8 万亿元的新台阶。《中华人民共和国国民经济和社会发展第十四个五年规划和 2035 年远景目标纲要》明确提出，要促进服务业繁荣发展特别是现代服务业，要推动现代服务业同先进制造业、现代农业深度融合。《北京市"十四五"时期现代服务业发展规划》指出，"加快构建与首都城市定位相适应的现代服务业体系，塑造具有全球竞争力的'北京服务'品牌，打造国际一流的高能级服务枢纽""到 2025 年，基本建成以首都功能为引领、具有国际竞争力的现代服务业体系，现代服务业在全市经济高质量发展中的主引擎作用更加显著，在全球服务网络中的资源配置力、市场辐射力、创新引领力不断提升，支撑北京成为国际一流的高能级服务枢纽"。然而，目前关于北京市现代服务业发展水平的直观数量指标尚未形成权威、科学、系统的体系。2018 年中国社会科学院出版的《中国服务业发展报告》对改革开放以来中国服务业发展历程、服务业结构调整、对服务业开放、服务业与制造业、服务业对外投资和服务贸易等领域的发展变化和现实情况进行了梳理和分析。但借助数理方法对北京现代服务业发展水平进行综合测度的研究较少。

本研究构建了包含 4 个一级指标、10 个二级指标和 26 个三级指标的现代服务业发展指标体系，并选取包含北京在内的 5 个现代服务业发展水平较高的国内城市进行测度和排名，以对北京现代服务业发展水平进行相对全面客观的评价，使北京在"十三五"以来率先形成的"双 80%"服务经济发展格局基础上，充分借鉴国内外发展经验，为北京市现代服务业持续高质量发展提供参考。基于此，本报告首先从规模、结构、效益、开放等角度探究了北京现代服务业的发展现状；其次，从重点领域开放、数字经济融合、国际化发展和开放发展环境等角度剖析了北京现代服务业的发展问题。在此基础上，从发展基础、科技创新、数字赋能和对外开放四个层面测算和评估了北京及国内其他发达城市现代服务业发展指数；最后，借鉴国内外现代服务业发展领先城市的经验，突出发展优势，提升发展短板，以期实现北京现代服务业高质量发展。

第二章 现代服务业发展相关理论基础

第一节 指数编制理论

(一) 指数理论的发展历程

指数理论是经济学领域的一种重要分析工具,发展至今已有300余年的历史。早期的学者大多专注于对物价指数的研究,认为指数应普遍用来反映在不同时期中,各种经济变量的价格所发生的变动。最早的指数即为物价指数,它于1675年由英国学者赖斯·沃汉(Rich Vaughan)提出,用来衡量货币交换的价值变动。此后200年内,一些西方学者围绕物价指数纷纷提出了自己的编制思路,推动了指数理论的进一步发展。直至20世纪初期,随着人们对指数定义的进一步理解,指数的应用范围得到了拓展。从广度上看,指数不仅被应用于经济分析,还被应用在政治、社会等更多广泛的学科领域,成为一种更加普遍的分析工具。从深度上看,指数在经济学领域的应用范围也更加广泛,用以衡量区域发展、工业生产、贸易进步,甚至是与人们生活息息相关的吃、穿、住、行等各个经济变量,成为衡量社会经济发展水平不可或缺的研究技术。

(二) 指数的概念

目前学界并未形成一个统一的指数定义,不同的学者对指数有不同的理解。广义上的指数代表任意两个数值进行对比所构成的相对数,狭义上的指数则代表能够衡量在不同时间和空间内，多个变量发生变动所整体构成的一个相对数。狭义的指数常被用来作为一种经济学领域的综合评价手段和工具，用以衡量在不同的时间和空间内，受多种因素影响或由多种因素构成的综合性经济现象发生变化的平均相对值。简单地说，指数本质上就是一个相对数，其主要作用在于衡量和比较变量在不同时间、不同空间所发生的变化。

从性质上看，指数具有综合性、相对性及平均性等特点。综合性强调指数对受到多种因素影响或由多种因素构成的事物变化的全面性、综合性反映，它不仅最大程度地反映影响或组成各种事物的各种因素，还从时间和空间的双重维度对事物的变化进行衡量。相对性强调指数的对比功能，强调指数的本质是通过比较不同情形、不同维度、不同条件下事物的状态，以达到最大程度地真实反映和评价事物的目的。平均性则强调了指数评价事物综合状态和水平所具有的代表性，即能够相对全面反映事物真实状态所需考虑的因素、条件、变化的最低限度。

从类型上看，指数大致可以分为三种类型。一是根据指数所衡量的事物组成因素的多少进行划分，主要包括个体指数和综合指数。个体指数通常使用一个代表性因素的变动来反映事物变化的水平，而综合指数通常综合考虑多个因素的变动进而对事物变化的水平做出评价。二是根据指数所衡量的变化维度进行划分，可以分为时间性指数和区域性指数。时间性指数主要反映事物在时间维度的变化水平，而区域性指数则主要关注事物在区域空间维度的变动水平。一般来说，指数应用中大多综合两种维度对事物的变动水平进行测度。三是根据指数的计算方法进行划分，可以分为算术平均指数和加权平均指数。算术平均指数将反映事物各方面因素的重要性视为相同，将其权重同等地纳入指数的计算。加权平均指数则通过主观或客观方法对反映事物各方面因素的重要性进行评级，并分别赋予其不同的权重，进而纳入指数的综合计算。

（三）指数的价值

根据指数的定义，指数的核心作用在于综合评定所关心的事物或现象，其价值主要包括三个方面。一是通过相对数赋予抽象、复杂的事物或现象一个直观、可比的具体数值，能够综合反映事物或现象的状态和变动水平，有利于人们正确认识事物或现象，做出科学合理的决策。二是能够最大程度地反映影响事物或现象的各种因素及其变化过程，以各种因素的变化来解释复杂事物或现象的变化原因。三是能够反映复杂事物或现象在不同时间、不同空间等不同条件下的变化情况，以反映事物或现象的时间变化趋势及区域分布特征，便于对事物或现象未来变化进行预测。

（四）指数的构建方法

指数的计算方法是指数理论中的一个重要组成部分（彭张林，2015）。要得到最终的指数值，往往需要对搜集到的统计资料进行加工和筛选，采用合适的方法将原本无法直接相加的事物或现象进行归类和量化处理，形成可以整合和加总的分项指标，再利用一定的加总方法最终形成指数值，用以反映和对比所评价对象的变动水平。计算指数的方法通常包括算术平均法和加权平均法两种，这决定了各项分指标的权重，反映着各种因素对评价对象的影响程度，因而影响着指数值的最终大小。

一般来说，指数的构建方法包括三个步骤。

首先是构建评价指标体系。这一阶段的主要任务是最大程度地搜集和整合统计资料，形成一个完备的、系统的综合指标体系，用以反映评价对象的全部特征以及变动情况。这一阶段的重点和难点是尽可能了解和观察评价对象的真实特征，并将评价对象的特征量化为各种代理指标。一般来说，在认知评价对象阶段，所需用到的研究方法包括实地调研、专家咨询、文献搜集和整理、访谈、观察等。根据搜集到的信息，研究者需要结合自身知识储备、专家建议以及文献常识进行信息提炼，找出其中各个层面最具代表性的指标来综合反映评价对象的全部特征。其中，最需要确保的就是评价指标能够被观测和衡量。在评价指标搜集阶段完成后，则需要采用目标层次法、德尔菲专家打分法等整合评价指标，设计和构建评价指标的层次结构，以厘清指标的所属类别和隶属关系，确保指标之间的相对独立性和代表性。

其次是整合加总定量指标。这一阶段最主要的任务是给构建体系中的评价指标权重赋值，用以合理地反映不同评价指标对最终评价指数的贡献度。

通常来说，有两种方法能够用来确定评价指标的权重大小。一种是主观赋权法，是指通过咨询专家意见、向专家发放问卷等形式得到专家对各个评价指标重要性的主观意见和偏好，据此对评价指标的权重进行赋值。主观赋权法通常包括层次分析法、德尔菲专家打分法、模糊综合评价法、环比评分法等。这一方法的优点是最大程度地利用领域专家的专业知识和经验，同时对专家的偏好和意见进行了中和，是相对符合人类社会评价习惯的一种评价方式。但同时，这一方法也存在缺点。专家无法客观理性地做出判断，这往往会使权重赋值具有较强的主观性和较大的可变性。另一种是客观赋权法，是指通过比较评价指标之间相对客观的信息，采用一定的方法计算出各个评价指标的重要程度，最后对同一层次评价指标进行排序得出贡献度大小，进而进行赋值。客观赋权法通常包括主成分分析法、因子分析法、熵值法、灰色关联分析法及 TOPSIS 法等。这一方法的优点是采用数学、统计学等理论与方法，根据评价指标间相对客观的信息获取彼此之间的排序信息，具有一定的客观性和合理性。然而这一方法的缺点也比较明显，即客观赋权法无法反映人类根据社会经验、知识及逻辑判断出的评价信息，因而很可能做出违背人类认知的判断。

主观赋权法和客观赋权法具有各自的优点，但同时也存在一定的局限，因而目前学术界就权重赋值方法并未达成相对一致的观点。总体来看，层次分析法在学术研究中更为常见。层次分析法是 20 世纪 70 年代由美国运筹学家萨蒂（T. L. Saaty）提出的一种分析模型，其基本原理是构建递阶结构的目标层、子目标层、方案层，将评价对象视为目标层的最终问题，实现对评价对象的层层分解。接着，通过量化专家对方案层中评价指标的权重判断，最终反馈给目标层综合指数数值。层次分析法实现了定性方法与定量方法相结合，以相对科学客观的方式对专家的主观意见和判断进行整合，从而将人类的思维认知过程层次化、可视化、数量化，具有可靠度高、误差小等优势，因而在实际生活中得到了广泛的应用。

最后是调整反馈阶段。这一阶段的主要任务是将最终计算出的评价指数与评价对象的实际发展变化进行对比，用以检验评价指数对评价对象的适用性。一般情况下，资料的搜集和指数的应用都具有一定的滞后性，不能反映评价对象目前最真实的状态，只能对其历史变动水平予以适当的评价。同时，由于评价对象自身具有复杂性，会受到不同因素、不同时间、不同空间的影响，并因此产生变化，所以具有一定的不确定性，需要判断是否根据实际情况变化对搜集的评价指标、构建的评价体系、使用的评价方法进行调整，以动态科学地反映评价对象的变化和调整。

（五）指数在服务业领域的应用

服务业是现代经济的重要组成部分，服务业的发展对一国经济增长和产业升级的带动作用与日俱增。而科学评价服务业的发展水平能够为服务业发展提供方向上的指引，因此相关学者纷纷将指数理论应用于服务业领域，致力于构建一个科学完备的服务业发展评价体系，以准确评估服务业的实际发展情况。

依据服务业评价指数内容侧重点的不同，既有研究大致可以分为三类。一类侧重对服务业发展的综合水平和程度进行评估（袁峰、陈俊婷，2016；王钰等，2018；肖磊、吴娟娟，2020）。肖磊等（2018）从发展基础、经济贡献和成长能力三个维度出发，运用层次分析法和熵权法构建服务业发展评价指标体系，分别对2006—2016年我国整体、三大区域以及30个省份的服务业发展指数进行了测算，发现观测期内我国服务业发展水平总体呈上升趋势，但区域差异较大。另一类侧重考察服务业发展潜力水平（Koleda and Lace N，2010；林晓薇、陈忠，2017）。杨珂玲等（2014）从发展基础、投入水平、发展水平和可持续水平四个方面出发，采用加权主成分TOPSIS潜力评价模型，构建了现代服务业发展潜力的评价指标体系，对31个省市区的现代服务业发展程度及发展潜力进行了实证分析，发现我国现代服务业发展程度较低的省份发展潜力大。还有一类文献侧重对现代服务业高质量发展的水平进行评估（Hollenstein，2003；Hipp and Grupp，2005；崔宏桥等，2022）。陈景华和徐金（2021）基于我国新发展理念，即创新、协调、持续、开放、共享，利用熵权法构建我国现代服务业高质量发展综合评价指标体系，分别对2004—2018年我国整体、八大区域以及31个省市区的现代服务业高质量发展水平进行测度，发现我国现代服务业高质量发展总体水平不高但在缓慢上升，区域服务业高质量发展水平会受邻域水平影响。

尽管学者们针对服务业指数评估已经进行了相当丰富的研究,但关于现代服务业指数构建的研究并不丰富,仅有的文献针对现代服务业发展建立的评价体系也不够全面。特别是关于北京现代服务业指数构建的研究更为少见。然而,在推动北京现代服务业高质量发展的进程中,针对北京现代服务业发展基础、发展潜力等多个方面的综合性评估必不可少。构建北京现代服务业综合发展指数不仅能够相对全面地反映北京现代服务业发展现状,还能突出北京在现代服务业高质量发展过程中的问题及国际差距,有助于北京进一步厘清发展方向,加快现代服务业高质量发展步伐,进而更好地服务于国家经济发展大局。因此,本书以当前北京现代服务业高质量发展规划为指数构建背景,通过对行业发展进展、成效、问题和必要性进行归纳分析,从北京现代服务业发展基础、科技创新、数字赋能、对外开放四个维度构建了一套科学全面且富有北京特色的现代服务业高质量发展指标体系。

第二节　现代服务业发展理论

(一) 现代服务业的定义

现代服务业的定义是相对于传统服务业而言的。随着社会经济的快速发展,新科技和新技术不断更迭交替,传统服务业通过吸纳先进技术对自身发展实现改造升级。新技术的到来也促使了更多新兴服务项目的产生,使传统服务业产生变革,变得更加智能化和数字化,同时,也进一步具备了数字要素密集度高、服务产出附加值高、资源消耗少等特点。至此,一个全新的现代服务业概念应运而生。

现代服务业实质上是新兴服务业与经受过新技术改造后的传统服务业的总称,包括软件设计、计算机应用等一系列以新技术为发展基础的新兴服务业;也包括金融、保险和咨询等一系列对传统服务业进行技术改造升级的行业。从根本上来看,现代服务业是依托电子信息和其他新兴技术,以现代的组织管理方式发展起来的服务业（庞毅、宋冬英，2005；梁军，2006；申畅，2009）。孟潇等（2014）对现代服务业进行了较为完整的定义：现代服务业是因社会分工细化和消费结构升级而产生的以新兴技术为支撑的新兴服务业。国内最早提出现代服务业这一概念的官方文件是于1997年发布的党的十五大报告，报告中强调了重点发展现代服务业的观点。随后，2012年发布的《现代服务业科技发展"十二五"专项规划》中进一步对现代服务业的内涵进行了官方界定，指出广义的现代服务业概念中既包括随着高科技发展而形成的新兴产业，也包括基于现代技术升级改造的传统服务业的新产业模式。2023年，国家统计局发布《现代服务业统计分类》，对现代服务业统计范围进行科学、全面的界定，将现代服务业定义为伴随信息技术和知识经济的发展而产生，利用现代科学技术和现代管理理念，推动生产性服务业向专业化和价值链高端延伸，推动生活性服务业向高品质和多样化升级，加强公益性基础性服务业发展所形成的具有高技术含量、高人力资本含量、高附加价值等特征的经济活动。

（二）现代服务业发展理论

针对现代服务业发展过程中面临的产业集聚、区位选择和空间格局三个问题，本部分拟从经济发展理论、区位选择理论和区域空间结构理论三个角度对现代服务业发展理论进行叙述。

1. 经济发展理论

（1）空间经济理论

在新古典经济学的分析框架下，克鲁格曼（P. R. Krugman，1991）提出企业规模报酬递增、生产要素移动和运输成本等因素是促进产业集聚的主要影响因素，上述因素在市场中通过传导产生相互作用，进一步促使产业集聚。藤田（Fujita，2003）的研究对该理论进行了进一步的完善发展，指出分散对应的是高交通成本和低产品差别化，聚集对应的则是低交通成本和高产品差别化。由于现代服务业的生产与供给是非标准化的，所以消费者对服务具有差异化需求，而正是这种差异化需求促使服务产品产生了差异化，进一步导致现代服务业在空间上的集聚发展。

(2) 集聚经济理论

集聚经济理论认为服务业在空间上的集聚能够带来一定的产业发展优势。一是能够加强企业间交流与合作，二是能够共享劳动力市场。服务业所带来的集聚趋势比工业生产活动带来的集聚趋势更加明显。实际上，不管是内部经济集聚还是外部经济集聚都会通过多种机制促进现代服务业集聚区的发展。当前，集聚理论主要包括：熊彼特的创新产业集聚理论，胡佛的产业集聚最佳规模论，波特的"产业群落"理论以及韦伯的区位集聚理论。

2. 区位选择理论

(1) 竞租理论

竞租理论最早是由阿兰索（W. Alonso）基于空间经济学理论提出的，该理论认为具有交通便利性和易达性的城市中心区具有较大的区位优势，因此商业、金融业等具有较高租金支付能力的行业会优先选择在城市中心区进行选址投资，以期获得更多的土地使用权，并因此呈现出集中分布的行业特征。该理论的假设前提是认为城市内各种经济活动进行区位选择时更多是依照与中心区的接近程度和租金支付能力来进行的。因此，竞租经济会对现代服务业的空间区位选择产生重要影响，使现代服务业在区位选择的过程中更加倾向于城市中心区。

但是，竞租理论主要适用于分析产业追求要素与城市中心区可提供要素一致时不同行业的空间分布状态，其存在的缺陷在于并未考虑随着时代发展，不同行业的需求要素也会随之产生变化，从而导致多中心区以及产业空间格局边缘化等现象的出现。

(2) 中心地理论

现代服务业集聚理论的核心在于如何选择产业集聚区位，集聚区是一种重要的经济空间布局表现形式，根据不同类型的现代服务业市场范围能够得出其相应的分布规律：不同服务范围将会对应不同等级的服务中心，两者能够共同作用，形成具有清晰等级结构的服务供给核心区和需求外围区（刘曙华，2007）。在实际生活中，我们可以借助中心地理论对现代服务业的一系列空间分布状态进行解释：一般而言，企业总部和高级行政管理职能部门大多集中在大城市或者城市的核心区域，而其分支机构则大多在周边地区分布，且不同等级的服务机构所在地的等级不同。

当然，该理论也存在一定的不足之处，现实中如果受到资源、文化和交通等一系列因素的影响，也会导致城市区位实际选择结果与理论分析结果产生一定偏差。

3. 区域空间结构理论

（1）增长极理论

该理论核心思想为借助对特定地理中心进行刺激的方式，促进该中心的极化作用，以此达到通过"不平衡—平衡"的方式促进经济欠发达地区实现经济发展的目标，在此基础上实现区域整体经济进步的目标。在这个过程中，增长极作为一种地域经济形式，同时具有经济集聚和扩散的作用，借助"极化"和"扩散"两种不同的形式对周边地区产生作用和影响。一方面，将周边地区的自然发展和社会经济潜力吸收过来，形成初级产品市场；另一方面，以物质输出以及空间扩散的方式促进新增长极的形成发展。由于增长极能够对地区经济增长产生很大的促进作用，因此选择增长极时应重点倾向于特定地理空间，实现促进区域整体经济发展的目标。

（2）核心—边缘理论

核心—边缘理论的核心论点是探讨城市空间相互作用和扩散，其核心观点认为，任何一个空间或经济系统都能够被分解为具有不同属性的核心区和边缘区。其中，核心区的作用在于产生和吸引大量创新活动，而边缘区则与核心区相互依存，且主要依赖于核心区的发展而发展。在上述理论中，经济活动的空间结构形态可以被大致分为聚集型、离散型、扩散型以及均衡型四种类型。核心—边缘理论对于分析现代服务业空间格局模式及其对城市空间结构形成的影响起到重要作用。

（三）现代服务业的分类

众多学者针对现代服务业发展所处的不同阶段给出了不同的分类标准。尚永胜（2005）认为，现代服务业一方面包括金融业、现代物流业、信息服务业、科研和综合技术服务业等能够为社会提供生产性服务的服务业，另一方面还包括以现代信息技术为支撑，用以满足个体精神需求的相关服务。陶纪明（2007）将现代服务业划分为战略性服务业、经济性服务业以及其他泛指的非经济性服务业。钟云燕等（2009）运用定性的方法将现代服务业界定为三大类：第一类是依托信息化和科技发展的、具备现代服务业新兴化特征的行业，主要包括计算机服务业和软件业等行业；第二类是以工业化为基础、利用信息技术从传统服务业衍生出来，具有部分现代服务业特征的行业，如物流业；第三类则是起源于传统服务业，但是具有信息技术和现代管理理念等部分现代服务业特征的行业，主要包括文化娱乐业、旅游业等。

由于现代服务业涉及行业众多，具有一定的复杂性，且各学者的分类标准依据不同角度，联合国1994年正式公布的国际标准行业分类中，将现代服务业划分为7个门类、13个大类、30个中类和49个小类。世界贸易组织统计和信息系统局按照一般国家标准（GNS），将现代服务业划分为9个部门、28个服务类别和51个分部门。从研究的角度看，国家统计局2023年最新公布的《现代服务业统计分类》以《国民经济行业分类》（GB/T4754—2017）中的行业小类为基础，将现代服务业划分为8个大类、39个中类和139个小类，更加科学、准确，符合我国现代服务业发展客观实际，具体划分见表2-2-1。

表2-2-1　现代服务业划分标准

大类	中类	小类
01 信息传输、软件和信息技术服务业	011 电信、广播电视和卫星传输服务	电信
		广播电视传输服务
		卫星传输服务
	012 互联网及相关服务	互联网接入及相关服务
		互联网信息服务
		互联网平台
		互联网安全服务
		互联网数据服务
		其他互联网服务

续表

大类	中类	小类
01 信息传输、软件和信息技术服务业	013 软件开发	基础软件开发
		支撑软件开发
		应用软件开发
		其他软件开发
	014 信息技术服务	集成电路设计
		信息系统集成和物联网技术服务
		运行维护服务
		信息处理和存储支持服务
		信息技术咨询服务
		数字内容服务
		其他信息技术服务业
02 科学研究和技术服务业	021 研发和试验发展	自然科学研究和试验发展
		工程和技术研究和试验发展
		农业科学研究和试验发展
		医学研究和试验发展
		社会人文科学研究
	022 专业技术服务业	气象服务
		地震服务
		海洋服务
		测绘地理信息服务
		质检技术服务
		环境与生态监测检测服务
		地质勘查
		工程技术与设计服务
		工业与专业设计及其他专业技术服务
	023 科技推广和应用服务业	技术推广服务
		知识产权服务
		科技中介服务

续表

大类	中类	小类
02 科学研究和技术服务业	023 科技推广和应用服务业	创业空间服务
		其他科技推广服务业
03 金融业	031 货币金融服务	中央货币服务
		货币银行服务
		非货币银行服务
		银行理财服务
		银行监管服务
	032 资本市场服务	证券市场服务
		公开募集证券投资基金
		非公开募集证券投资基金
		期货市场服务
		证券期货监管服务
		资本投资服务
		其他资本市场服务
	033 保险业	人身保险
		财产保险
		再保险
		商业养老金
		保险中介服务
		保险资产管理
		保险监管服务
		其他保险活动
	034 其他金融业	金融信托与管理服务
		控股公司服务
		非金融机构支付服务
		金融信息服务
		金融资产管理公司
		其他未列明金融业

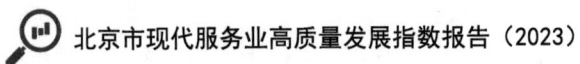

续表

大类	中类	小类
04 现代物流服务业	041 现代铁路运输综合服务	现代铁路货物运输
		现代铁路货物运输辅助活动
	042 现代道路运输综合服务	现代道路货物运输
		现代道路货物运输辅助活动
	043 现代水上运输综合服务	现代水上货物运输
		现代水上货物运输辅助活动
	044 现代航空运输综合服务	航空货物运输
		通用航空生产服务
		航空货物运输辅助活动
	045 现代管道运输综合服务	现代海底管道运输
		现代陆地管道运输
	046 现代多式联运和运输代理服务	现代多式联运
		现代运输代理服务
	047 现代装卸搬运和仓储服务	现代装卸搬运
		现代仓储服务
	048 现代邮政服务	现代邮政基本服务
		现代快递服务
		其他现代邮政服务
	049 其他现代物流服务业	供应链管理服务
		数字化包装服务
05 现代商贸服务业	051 互联网批发零售	互联网批发
		互联网零售
	052 专业化管理服务	专业化组织管理服务
		专业化综合管理服务
	053 法律服务	法律服务
	054 咨询与调查	咨询与调查

续表

大类	中类	小类
05 现代商贸服务业	055 专业化人力资源和培训服务	专业人才服务
		创业指导服务
		高级技能培训
	056 信用与非融资担保服务	信用与非融资担保服务
	057 其他现代商贸服务业	其他现代商贸服务业
06 现代生活服务业	061 健康服务	医疗健康服务
		健康体检服务
		健康护理服务
		精神康复服务
		其他健康服务
	062 现代养老服务	现代养老服务
	063 现代育幼服务	现代育幼服务
	064 文化娱乐服务	数字创意文化会展服务
		数字内容出版和数字广告
		广播、电视、电影和录音制作业
		文化艺术服务
		文化娱乐活动
		电子娱乐活动
	065 旅游服务	旅行社及相关服务
		旅游交通服务
		旅游住宿服务
		旅游景区服务
		数字化旅游会展服务
		休闲观光活动

续表

大类	中类	小类
06 现代生活服务业	066 体育服务	体育组织和表演服务
		体育健康服务
		体育中介代理服务和经纪人
		体育场馆服务
		体育航空运动服务
		数字体育会展服务
		健身休闲活动
	067 现代居民生活服务	现代家政服务
		外卖闪送服务
		居住服务
		居民出行服务
07 现代公共服务业	071 生态保护和环境治理	水资源管理
		生态保护服务
		环境治理服务
		土地整治服务
	072 公共设施服务	市政设施管理
		环境卫生管理
		城乡市容管理
		绿化管理
		城市公园管理
	073 教育培训	普通高等教育
		成人高等教育
08 融合发展服务业	081 现代农业专业辅助性服务	现代农业专业辅助性服务
	082 先进制造业设备维修服务	先进制造业设备维修服务

通过上述分析可见，由于不同学者所处的现代服务业发展背景、现状有

所不同，各学者给出的现代服务业发展分析和总结也不尽相同。并且，受到不同学科背景的影响，不同学者研究现代服务业的定义、发展理论、分类的切入点和目的也各有差异。因此，在新时代背景下，对现代服务业发展现状进行科学、合理的测度与研究具有一定的必要性和重要性。现代服务业是当前时代下中国经济增长的重要推手和坚实基础，而北京作为首都，是国内现代服务业发展的标杆城市，具有重要的战略引领作用。因此，构建科学、合理、全面的指标体系衡量北京现代服务业发展具有重要的战略意义。同时，科学了解北京现代服务业的具体发展情况对促进北京现代服务业发展也具有重要影响和重大意义。基于此，本书将结合相关理论构建现代服务业评价指标体系，以期对北京现代服务业的发展实现科学衡量，为北京现代服务业发展建言献策，为新时代中国现代服务业发展做出一定的贡献。

第三节 北京现代服务业研究进展

现代服务业发展迅速，其发展水平已经成为衡量一个国家和城市现代化、国际化的重要标志之一。北京作为首都，要加快培育金融、科技、信息、文化创意、商务服务等现代服务业，更好服务首都高质量发展全局。较多学者聚焦北京现代服务业，就其发展现状、集聚发展以及现代服务业竞争力等进行了分析。

（一）北京现代服务业发展现状

总体来看，多数研究北京现代服务业发展现状的文献发现，北京现代服务业发展具有规模大、集聚力和辐射力强的特点。这一特点可以从北京现代服务业主要行业的发展状况中观察到，这些主要行业包括金融业、商务服务业、信息服务业、科技服务业等，它们构成了北京现代服务业的核心产业群，是推动北京现代服务业快速发展的主导力量（朱晓青、寇静，2011）。陈进等（2009）通过分析北京现代服务业各细分行业的发展现状，发现北京现代服务业发展拥有较强的人力资本优势、资金和技术优势、良好的政策和人文环境优势等。朱竞若（2023）基于2022年首都科技创新工作取得的一系列成果，提出应以科技创新为主要抓手，塑造首都发展新动能、新优势，进而加快打造具有首都特点的现代化产业体系。

此外，有学者将北京现代服务业划分为消费性现代服务业、生产性现代服务业和现代社会服务业，并针对各具体行业进行发展现状分析。虽然北京现代服务业的发展取得了突出成绩，但还是应该看到北京现代服务业发展过程中显现的不足。如生产性现代服务业市场竞争力不强，还处于较低的水平，产业附加值较低，技术创新能力不足；消费性现代服务业增长缓慢，且出现下滑趋势；现代社会服务业进入壁垒高，产业竞争力薄弱等（王云霞等，2014）。在服务创新领域，信息技术的发展促进了现代服务业的发展，刘徐方（2018）聚焦智慧服务，具体分析了智慧金融、智慧物流、智慧教育、智慧医疗、智慧旅游的发展，并认为将信息技术应用于服务业，有利于促进服务过程趋向自动化、智能化，对现代服务业的发展起着重要的推动作用。

通过对比北京各区现代服务业的发展状况，朱晓青和寇静（2011）对北京四大功能区和六大产业集聚区现代服务业发展状况进行分析，发现各区现代服务业发展各具特色。与此同时，陈进等（2009）通过分析国际现代服务业发展现状，为北京现代服务业重点产业发展、创造良好政策环境、建立北京现代服务业发展评估与监测体系、加强人才培养与技术进步、形成具有竞争优势的现代服务业产业集群等提出有针对性的政策建议。

（二）北京现代服务业集聚发展

随着城市功能结构的提升，现代服务业集聚逐渐发展起来。目前，现代服务业成为影响城市经济发展的主导力量，同时也是影响城市经济繁荣、国际竞争力提升的决定力量。部分学者开始关注北京现代服务业集聚发展的情况。王猛和王有鑫（2015）聚焦文化产业集聚，认为北京市文化产业集聚能够提升城市的文化品位，增强城市竞争力。梁军和从振楠（2018）重点关注生产性现代服务业集聚，该研究发现北京生产性现代服务业集聚能够提高技术效率，提升北京现代服务业的质量和效益，进而促进城市全要素生产率增长，有利于助推城市经济发展和繁荣。

国际性大都市将现代服务业集聚区的发展作为助推服务业发展、提升城市国际竞争力的重要举措，通过对比国际现代服务业集聚区的开发模式，为我国现代服务业集聚区发展提出相应政策建议。张玉红和朱永杰（2010）基于现代服务业发展的模块论，分析了北京现代服务业发展的基本状况，并提出应依托区域特色，建立现代服务业产业集聚区，建立并发展金融街商务集聚区、CBD商务区、中关村电子商务集聚区等服务集聚区，以打造北京极具国际竞争力的金融中心、商务中心、文化中心以及国际交流中心。此外，北京也应注重产业集群建设，着力打造战略性新兴产业集群、具有国际竞争力的数字产业集群以及现代服务业集聚区，提升现代产业的先进性（盛朝迅，2023）。

（三）北京现代服务业竞争力

相较于国内其他城市，北京作为全国的政治、文化和国际交流中心，具有政策、人才、资本、资源、科技等方面的发展优势，但是北京现代服务业发展也面临着挑战，例如，同国际化大都市相比，北京现代服务业存在总量偏低、发展环境不够宽松等问题。现代服务业的发展能够显著提升产业国际竞争力。鉴于此，姚战琪（2023）将北京市、天津市、上海市和辽宁省四个中国首批现代服务业综合试点地区作为政策干预单元进行研究，发现北京市的现代服务业综合试点政策效果显著，并提出要加强人才队伍的建设，培养高层次、专业化人才，不断提升现代服务业的服务效率，提高北京现代服务业的国际竞争力。与此同时，北京也应大力发展信息传输、软件和信息技术服务业，科学研究和技术服务业，金融业等，加强制造业与服务业的供需对接，促进现代服务业与制造业深度融合，培养一批优秀的现代服务业企业（胡俊等，2023），进而不断提高北京现代服务业国际竞争力。

（四）北京现代服务业发展的影响

现代服务业的发展水平已经成为衡量现代社会经济发达程度的重要标志。北京大力推进现代服务业建设对打造国际一流现代化大都市，提升城市水平，提高城市综合实力都具有重要意义。北京现代服务业进入了发展的快车道，成为经济发展的主角和驱动力。因此，部分学者开始探讨北京现代服务业与经济增长的关系。李朝鲜等（2011）针对北京市现代服务业不同行业进行研究，发现北京金融业对首都经济存在拉动效应，不同的研发（R&D）产业投入的内部结构与GDP的灰色关联程度对经济增长的带动作用不同。另外，北京市文化创意产业已经成为北京新的经济增长点，起着推动北京产业结构的优化升级、增加北京就业、带动金融资本、提升居民消费质量等重要作用。

另外，部分学者关注北京现代服务业的金融支持。例如王云霞等（2014）从以下四个方面对北京现代服务业的金融支持进行分析：首先，在北京消费性现代服务业中以旅游服务业为例进行了旅游业金融支持及风险研究，发现北京旅游服务业存在"融资难"的问题，并针对北京旅游服务业融资问题提出要加强政府扶持力度、探索多元合作模式、构建完善的间接融资体系、探索有效的民间资金投入机制等政策建议；其次，在北京生产性现代服务业中以商务服务业为例，发现商务服务业面临总量支持不足、不同行业间金融支持程度和强度差异大、金融资本与产业资本匹配性等问题，提出发展北京商务服务业比较优势的新战略体系构建策略；再次，在北京现代社会服务业中以环境服务业为例，分析了现代社会服务业的金融支持现状；最后，与境外现代服务业发展状况进行对比，分别针对消费性现代服务业、生产性现代服务业和现代社会服务业融资问题提出相应政策建议。

现代服务业作为北京市的主导产业，近年来趋向高质量快速发展，取得了一定的成就，但是也面临一些不容忽视的问题，例如：北京现代服务业与发达国家相比仍有差距、部分行业结构不尽合理、技术含量有待提高。因此，本书通过构建北京现代服务业评价体系，从重点领域开放、数字经济融合、国际化发展和开放发展环境等角度剖析了北京现代服务业的发展问题，并借鉴国内外现代服务业发展领先城市的经验，助力北京现代服务业高质量发展。

第三章 北京现代服务业高质量发展指数构建

第一节 指标体系

本研究基于全面性、代表性、适用性、整体性、系统性等原则，在借鉴国内服务业发达城市发展经验的基础上，结合相关研究成果构建北京服务业发展指数体系。北京服务业发展评价指标体系涵盖了4个一级指标、10个二级指标和26个三级指标。4个一级指标分别反映了北京服务业的发展基础、科技创新、数字赋能和对外开放情况。为了进一步解释和细化，各一级指标又分别涵盖多个二级指标和三级指标，具体指标体系如表3-1-1所示。

表3-1-1 北京现代服务业①高质量发展指数

一级指标	二级指标	三级指标	属性
发展基础	发展规模	现代服务业增加值占地区增加值比重（%）	+
		现代服务业企业占地区企业比重（%）	+
		现代服务业就业人员占总就业人数比重（%）	+
		现代服务业人均产值（万元/人）	+

---

① 具体划分标准参见北京市统计局公布的《北京市现代服务业统计分类（2020）》。

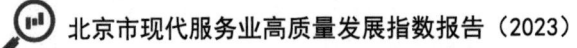

续表

一级指标	二级指标	三级指标	属性
发展基础	行业结构①	金融业增加值占服务业增加值比重（%）	+
		科技服务业增加值占服务业增加值比重（%）	+
		信息服务业增加值占服务业增加值比重（%）	+
		现代商贸服务业增加值占服务业增加值比重（%）	+
		现代物流服务业增加值占服务业增加值比重（%）	+
科技创新	创新要素	现代服务业R&D人员占比（%）	+
		现代服务业R&D经费投入强度（%）	+
	创新效益	专利授权量与R&D经费投入之比（件/万元）	+
		高新技术产业增加值（亿元）	+
数字赋能	数字基础	互联网普及率（%）	+
		移动电话普及率（%）	+
		光缆线路长度（万公里）	+
	价值创造	数字产业②增加值占地区增加值比重（%）	+
		数字产业就业人数占地区就业人数比重（%）	+
对外开放	对外贸易	现代服务业贸易进出口总额（百万美元）	+
		现代服务业贸易进出口总额占总进出口额比重（%）	+
	对外投资	现代服务业对外直接投资总额（百万美元）	+
		现代服务业对外直接投资占对外投资总额比重（%）	+
	利用外资	现代服务业实际利用外资金额（百万美元）	+
		现代服务业实际利用外资金额占总外资比重（%）	+
	开放环境	入境旅游人数（万人）	+
		铁路营业里程（公里）	+

以下是指标体系的相关具体说明。

---

① 根据《北京市服务贸易创新发展试点工作实施方案》所提出的五大重点现代服务业领域进行划分，http://finance.people.com.cn/n1/2019/0104/c1004-30504692.html。

② 数字产业包括通信产业和信息产业，具体指年鉴中的信息传输、软件和信息技术服务业。

（一）发展基础

发展基础是现代经济发达程度的关键所在，更是评价一个地区现代服务业发展程度的重要前提。现代服务业发展的基础环境好坏与该地区现代服务业发展水平高低以及未来发展潜力大小息息相关。现代服务业发展基础能够体现发展现代服务业过程中基础条件的相对稳定性，同时也是培育和形成现代服务业新的经济增长点的有力抓手，对发展地区现代服务业具有基础保障作用。本研究参考肖磊等（2018）构建的我国服务业现代评价指标体系，将一级指标拟定为发展基础，其主要目的是反映北京服务业当前发展的现实基础环境。该一级指标下主要包括发展规模和行业结构两个二级指标。

1. 发展规模

现有服务业发展规模是评价当前服务业发展水平的重要参考，一定水平的服务业发展规模能够为服务业后续发展提供优良保障和充足动力。因此，本部分参考国家统计局服务业调查中心课题组（2009）和潘海岚（2011）的研究，本部分将二级指标拟定为发展规模。该二级指标下涵盖现代服务业增加值占地区增加值比重、现代服务业企业占地区企业比重、现代服务业就业人员占总就业人数比重和现代服务业人均产值四个三级指标，参考林晓薇和陈忠（2017）的研究思路，将前三个三级指标均设置为相对指标。现代服务业增加值占地区增加值比重反映了该地区现代服务业经济规模的相对大小，为正向指标，该指标值越大，说明该地区经济产业结构中现代服务业所占的比例越大；现代服务业企业占地区企业比重反映了该地区现代服务业行业规模的相对大小，为正向指标，该指标值越大，说明现代服务业在该地区经济中的重要性越高；现代服务业就业人员占总就业人数比重反映了该地区现代服务业就业规模的相对大小，为正向指标，该指标值越大，说明该地区现代服务业在社会就业中的地位和吸纳劳动力的水平越高；现代服务业人均产值也可以看作是劳动生产率，衡量创造价值的效率，该指标值越大，则说明就业人员价值创造的效率越高。

2. 行业结构

行业结构体现了现代服务业内部结构发展的均衡性和互动性。内部结构均衡发展体现在服务业产业结构的优化上，主要表现为产业结构的"合理化"，即服务业内部协调发展能力。因此，参考张明志等（2022）的研究，本部分将二级指标拟定为行业结构。根据《北京市服务贸易创新发展试点工作实施方案》提出的五大重点现代服务业领域划分标准，该二级指标下涵盖金融业增加值占服务业增加值比重、科技服务业增加值占服务业增加值比重、信息服务业增加值占服务业增加值比重、现代商贸服务业增加值占服务业增加值比重、现代物流服务业增加值占服务业增加值比重五个三级指标。通过衡量五大重点现代服务业在服务业发展中的经济占比，从而反映现代服务业内部结构的均衡发展程度。

（二）科技创新

科技创新是推动服务业高质量发展的第一动力。创新是服务业增强产业升级支撑能力的根本途径，是服务业满足人民美好生活需要的必然要求，是服务业抢抓新一轮科技革命和产业变革重大机遇的战略举措，是服务业提高国际竞争力的内在逻辑。《北京市"十四五"时期现代服务业发展规划》指出，北京作为首都，要以建设全球创新中心为引领，加快培育金融、科技、信息、文化创意、商务服务等现代服务业，促进服务方式改革发展，催生"新业态、新模式"，驱动创新战略在现代服务业领域落地发展，将创新作为驱动现代服务业高质量发展的中坚力量。考察现代服务业发展的创新性既要考察创新要素的投入情况，又要考察要素产出的创新效益情况。因此，参考孙畅和唐菁（2022）的研究，本部分将一级指标拟定为科技创新，以反映北京现代服务业科技创新的发展程度。该一级指标下主要包括创新要素和创新效益两个二级指标，从两个维度评估北京服务业发展的创新水平。

1. 创新要素

科技创新带来的驱动力主要是指通过引入新知识、新技术等一系列新兴要素，打破要素瓶颈限制，实现现代服务业的可持续发展。因此参考陈景华和徐金（2021）的研究，本部分将二级指标拟定为创新要素。该二级指标下涵盖现代服务业 R&D 人员占比和现代服务业 R&D 经费投入强度两个三级指标。上述两个三级指标均为正向指标，指标值越大，说明该城市投入的服务业资源越多，服务业创新能力越强。

2. 创新效益

创新要素的投入产出效益是衡量服务业创新发展水平的重要标准。因此参考陈景华等（2022）的研究，本部分将二级指标拟定为创新效益。该二级指标下涵盖专利授权量与R&D经费投入之比和高新技术产业增加值两个三级指标。专利授权量与R&D经费投入之比能够衡量创新的投入产出比，表示每万元R&D经费投入所能产出的专利授权量。高新技术产业增加值能够直观表现技术创新带来的经济效应。上述两个三级指标均为正向指标，即指标值越大，代表城市的创新效益越强。

（三）数字赋能

《"十四五"数字经济发展规划》指出数字经济是以数据资源为关键要素，以现代信息网络为主要载体，促进公平与效率更加统一的新经济形态。数字创新赋能社会经济发展是当前数字经济时代的新趋势和必然选择。数字赋能是首都推动现代服务业高质量发展、规模能级持续提升、质量效益稳步提高的重要动力和关键所在，是现代服务业融合创新释放新活力的必要途径，也是"十四五"时期现代服务业发展的主要目标之一。考察数字化赋能既要考察数字基础设施建设水平，也要考察数字产业在社会经济、民生就业方面的价值创造。因此，本书参考《中国数字发展指数报告》的研究，本部分将一级指标拟定为数字赋能，以反映北京现代服务业数字化赋能的发展程度。该一级指标下主要包括数字基础和价值创造两个二级指标，从上述两个维度评估北京现代服务业发展的数字化赋能水平。

1. 数字基础

数字赋能离不开坚实的数字基础设施建设，良好的数字基础设施建设能够为数字产业化和产业数字化提供广阔的发展平台。因此，将二级指标拟定为数字基础。参考袁峰和陈俊婷（2016）的研究，该二级指标下分别选择互联网普及率、移动电话普及率和光缆线路长度三个三级指标。其中，互联网普及率为该地区接入互联网用户数占该地区总用户数的比重，该指标在一定程度上反映了城市互联网信息发展水平，为正向指标，指标值越大，说明城市互联网信息发展水平越高；移动电话普及率为该地区移动电话用户总数占该地区常住人口总数的比重，该指标在一定程度上反映了城市移动数据网络发展水平，为正向指标，指标值越大，说明城市移动数据网络发展水平越高；光缆线路长度为该地区铺设光缆线路总长度，该指标在一定程度上反映了城市通信产业的发展水平，为正向指标，指标值越大，说明城市通信产业发展基础越好。

2. 价值创造

数字经济蓬勃发展的时代，促进数字经济与实体经济融合创新，进行数字赋能的最终目的是为社会和经济发展创造价值。因此，将二级指标拟定为价值创造。参考《中国数字发展指数报告》的研究，该二级指标下主要包括数字产业增加值占地区增加值比重和数字产业就业人数占地区就业人数比重两个三级指标。根据《中国数字发展指数报告》，数字产业包括通信产业和信息产业，具体指年鉴中的信息传输、软件和信息技术服务业。数字产业增加值占地区增加值比重反映了数字产业在社会经济方面的价值创造，为正向指标。数字产业就业人数占地区就业人数比重反映了数字产业在民生就业方面的价值创造，为正向指标。上述两个三级指标值越大，说明该地区数字产业发展水平越高，同时为社会经济和民生就业创造的价值也越高。

（四）对外开放

对外开放是加快服务业新动能培育和产业转型升级的必由之路。在打造国家服务业扩大开放综合示范区中，推进服务业高水平开放，有助于加快构建新发展格局。生产性现代服务业的先进性能够在生产环节中带来示范效应以及竞争效应；高水平服务业供给能够在交换环节中带来更为高效的流通体系，进而将生产与消费环节更好地加以连接，从而畅通经济内循环；高水平服务业的开放能够在消费环节中增加高端服务供给，从而更好地满足国内的一系列服务需求。同时，推进服务业更高水平的扩大开放，有助于提高服务贸易的自由化和便利化程度，提升本国产业和企业嵌入全球价值链的深度，进一步吸引全球优质要素源源不断流向国内。因此，本研究参考贾品荣（2022）的研究，本部分将一级指标拟定为对外开放，其主要目的是反映城市现代服务业开放程度。该一级指标下主要包括对外贸易、对外投资、利用外资和开放环境四个二级指标。

1. **对外贸易**

高质量的服务贸易进出口是促进服务业发展升级的动因之一，畅通的对外贸易能够打通国内外服务业产业交流渠道，为国内服务业发展带来示范效应和竞争效应。因此，参考贾品荣（2022）的研究，本部分将二级指标拟定为对外贸易。该二级指标下涵盖现代服务业贸易进出口总额和现代服务业贸易进出口总额占总进出口额比重两个三级指标。上述两个三级指标从规模和结构两个层面反映了地区服务业对外开放程度，均为正向指标。

2. **对外投资**

在扩大服务业开放程度的基础上，高质量对外投资能够进一步帮助本国企业深度嵌入全球价值链。因此，参考陈景华和徐金（2021）的研究，本部分将二级指标拟定为对外投资。该二级指标下涵盖现代服务业对外直接投资总额和现代服务业对外直接投资占对外投资总额比重两个三级指标。上述两个三级指标从规模和结构两个层面反映了地区服务业对外投资水平，均为正向指标，即指标值越大，说明该地区对外投资水平越高。

3. **利用外资**

现有研究中用于衡量经济开放度的指标较为多样，根据季剑军和曾昆（2016）的研究，可以根据生产要素的跨国流动程度衡量现代服务业开放程度。为了更全面地体现服务业对外开放程度，本部分将二级指标拟定为利用外资。该二级指标下涵盖现代服务业实际利用外资金额和现代服务业实际利用外资金额占总外资比重两个三级指标，从规模和结构两个层面共同衡量生产要素跨国流动水平，两个三级指标均为正向指标。服务业实际利用外资金额是指在和外商签订合同后实际获得的外资款项，一个地区服务业实际利用外资金额规模越大，所占总外资比重越高，该地区与服务业相关的国际贸易就越发达，服务业对外开放程度和国际化程度就越高。

4. 开放环境

整体环境的开放程度也是影响城市对外开放度的重要因素。城市对外开放度更体现了城市现代服务业对外开放水平的高低。本部分将二级指标拟定为开放环境，该二级指标下涵盖入境旅游人数和铁路营业里程两个三级指标。入境旅游人数从旅游服务开放度的角度衡量城市开放环境，为正向指标。铁路营业里程从城市交通基础设施建设水平的角度衡量城市交通便利程度，为正向指标，指标值越大，代表该城市交通运输越发达，城市对外开放程度越高。

第二节　测算方法

本研究将层次分析法与熵值法相结合，对现代服务业发展评价指标进行赋权，并利用功效系数法对测算的最终结果进行修正。

采用综合赋权方式，即在利用层次分析法对现代服务业发展评价体系的目标层进行打分的基础上，综合熵值法捕捉指标的客观因素。然后，通过不同层级权重的乘积计算每一个三级指标对应的权重。

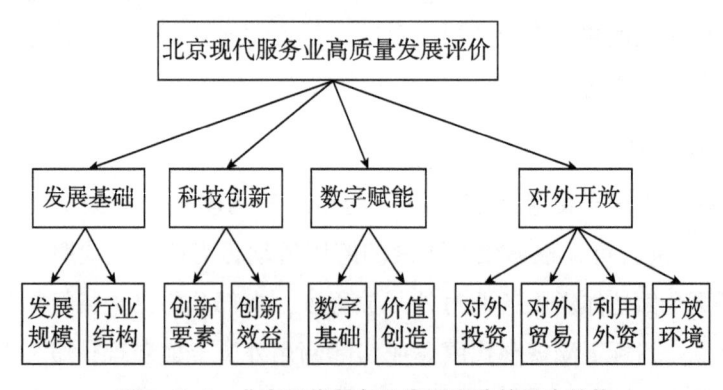

图 3-2-1　北京现代服务业发展评价的层次结构

首先，根据现代服务业发展的本质要求系统构建层次结构模型（见图 3-2-1）。按照 9 级评价标度对同层影响因素进行两两比较，构造判断矩阵：

$$b_{ij} = \begin{bmatrix} b_{11} & b_{12} & \cdots & b_{1n} \\ b_{21} & b_{22} & \cdots & b_{2n} \\ \vdots & \vdots & \vdots & \vdots \\ b_{n1} & b_{n2} & \cdots & b_{nn} \end{bmatrix}, \text{且满足} \ b_{ii} = 1, \ b_{ij} = \frac{1}{b_{ji}}(i, j = 1, \cdots, n) \quad (1)$$

根据判断矩阵计算 $BW = \lambda_{\max}W$ 的特征根和特征向量，其中特征向量 W 对应的每个分量 ω 即为单个因素的权重赋值。并对矩阵进行一致性检验，计算一致性指标 CI 和一致性比率 CR 的值：

$$CI = \frac{\lambda_{\max} - n}{n - 1}, \ CR = \frac{CI}{RI} \quad (2)$$

其中 RI 表示判断矩阵的阶数，是平均随机一致性指标。一般认为，在满足 $CR \leq 0.1$ 时，判断矩阵具有一致性，否则需要根据数值对判断矩阵进行调整。

其次，利用熵值法为三级指标赋权。为解决原始指标数据在统计单位和计量方法等方面的差异所带来的评价误差，避免出现指数测算因量纲不同而无法比较的情况，在指标权重计算前，对指标进行无量纲化（标准化）处理。具体处理方法如下：

$$X'_{i,j,t} = \frac{X_{i,j,t} - \min\{X_{j,t}\}}{\max\{X_{j,t}\} - \min\{X_{j,t}\}} \ （正向指标） \quad (3)$$

$$X'_{i,j,t} = \frac{\max\{X_{j,t}\} - X_{i,j,t}}{\max\{X_{j,t}\} - \min\{X_{j,t}\}} \ （负向指标） \quad (4)$$

其中，$X'_{i,j,t}$ 为 i 城市 j 指标 t 年标准化后的原始数据值，$X_{i,j,t}$ 为 i 城市 j 指标 t 年的原始数据值，$\max\{X_{j,t}\}$ 为第 t 年所有城市 j 指标原始数据的最小值，$\min\{X_{j,t}\}$ 为第 t 年所有城市 j 指标原始数据的最大值。

利用熵值法计算每个指标的权重 ω：

$$y_{ij} = \frac{X_{ij}}{\sum_{i=1}^{m} X_{ij}}, \ e_i = -C\sum_{i=1}^{m} y_i \ln y_i, \quad (5)$$

$$C = (\ln m)^{-1}, \ \alpha_i = 1 - e_i \quad (6)$$

$$\omega_i = \frac{\alpha_i}{\sum_{i=1}^{n} \alpha_i} \tag{7}$$

其中，e_i 为信息熵，α_i 表示差异系数。

最后，结合上述步骤计算出指标权重，根据指标层级依次进行乘积，得出每个三级指标的初始得分。

然后，利用功效系数法对三级指标的初始得分进行调整，具体方法为：

$$d_{i,t} = 初始分数 \times p + q \tag{8}$$

其中本课题将功效系数设定为 80~100 分。具体操作时，设定 $p = 20$，$q = 80$。

利用单项功效系数进一步进行加权处理，得到北京服务业发展总指数，具体公式为：

$$D_t = \frac{\sum_{i=1}^{n} d_{i,t} \alpha_i}{\sum_{i=1}^{n} \alpha_i} \tag{9}$$

上式中，D 表示总功效系数，$d_{i,t}$ 表示各单项功效系数，α_i 表示各指标的权数。其中，采用加权算术平均法计算的总功效系数是对单项功效系数进行加总处理的结果，这一方法也是实际工作中常常采用的。

第三节 样本选取和数据来源

（一）现代服务业发展指标样本选取

本研究主要选取 5 个服务业发展水平较高的国内城市作为评价样本，分别是北京、上海、广州、深圳和杭州，上述 5 个城市的现代服务业发展具有较高的代表性。

北京作为超大规模服务消费市场和国际科技创新中心，具有服务业高质量发展的优越基础和先天条件。2011—2021 年，北京现代服务业增加值占地区增加值比重一直处于 80% 上下，现代服务业企业占地区企业比重也一直保持在70%以上。相较于其他地区，北京现代服务业发展具有不可比拟的优势。首先，北京具有政策优势。作为我国首都，北京市政府公共资源丰富，企业能便捷、即时地了解行业发展动态和政策导向。其次，北京具有经济优势。北京是中央金融决策中心，拥有大量国内外金融机构，是金融宏观调控部门和监管部门的密集地。再次，北京具有技术和研发优势。北京科研院校众多，重点高校占全国的1/4，各类人才密集。从次，北京作为六朝古都，旅游资源优势也不可忽略，其旅游业的产业规模、效益和成熟度均处于全国领先地位。最后，北京具有市场需求优势。北京经济发展迅速，信息化水平高，消费体量庞大，给现代服务业发展提供了广阔的发展空间。

上海作为我国金融发展中心，其服务业发展潜力特别是金融业的发展潜力与日俱增。2011年至2021年，上海金融业增加值占服务业增加值的比重一直维持在20%上下，远超科技服务业、信息服务业、商务服务业和文化创意服务业增加值占服务业增加值的比重。同时，上海金融业对外开放水平较高，较早形成了国内外投资者共同参与的金融开放体系。在金融业发展潜力不断提升的背景下，上海数字化转型也开始逐渐引领其现代服务业高质量发展。《上海市服务业发展"十四五"规划》指出，"构建服务功能强辐射、服务环节高增值、服务内容高品质，数字技术深度融合和产业跨界深度融合的'一强、两高、两融合'现代服务产业体系""使上海在全球服务网络中的位势和能级不断攀升"，这将为上海现代服务业的发展持续助力。

作为"千年商都"和我国对外开放的一大窗口，广州是一座名副其实的服务型城市，在我国现代服务业发展中有着不可替代的引领作用。长期以来，广州服务业增加值占GDP的比重超过七成。近年来，广州积极推动六大经济品牌的发展，包括直播经济、平台经济等，以促进服务升级和新业态的发展。广州致力于提升现代服务业的产业形象，激发"广州服务"的新动力，推动现代服务业的创新和卓越。目前，广州市已成功培育出多个增加值达千亿元级别的产业集群，其中现代服务业占据主导地位。2021年1月至11月，广州市规模以上服务业的营业收入同比增长了20%，两年平均增长8.4%，显示出"广州服务"对广州经济的拉动作用日益显著。

深圳作为改革开放的先行区，其服务业发展活力在近年来不断涌现。"十三五"期间，深圳市服务业年均增长 7.5%，较 GDP 年均增速高出约 0.4 个百分点。同期，深圳市服务业增加值占 GDP 的比重达 62.1%，高出 2015 年 3.8 个百分点，深圳市服务业逐步成为其全市经济发展的主引擎。同时，深圳市服务业内部结构持续优化，现代服务业发展迅速。2020 年，深圳市现代服务业增加值达到了 13084.4 亿元，高出 2015 年 6.9 个百分点，占服务业增加值的比重达 76.1%。此外，深圳市将创新作为服务业发展的基点，加快推进服务业数字化，增强服务经济发展新动能。凭借其强大的创新创业能力，深圳市服务业科技含量持续提升，创新资源得以积聚到优势企业，华为、腾讯等知名企业得到快速成长。作为改革开放的政策高地，深圳市现代服务业在发展路径和政策实践中取得的经验成果具有独特性，值得深入研究。

杭州作为我国的电子商务之都，近年来在推动信息传输、软件和信息技术服务业高质量发展方面持续发力，且成效显著。近年来，杭州积极推动服务业的转型升级，培育新的经济增长点，推动经济的高质量发展。通过持续优化服务业结构，提升服务业的能级和质效，杭州在信息软件、文化创意、现代金融等新兴产业方面取得了显著的发展。特别是以信息传输、软件和信息技术服务业为主导的营利性服务业，在杭州经济中扮演着日益重要的角色。从 2011 年到 2021 年，杭州信息服务业的增加值占服务业增加值的比重持续上升，从不到 1/5 增长到超过 1/4。杭州对商业模式和技术创新的包容和鼓励，使其成功地培育出了电子商务、金融科技等新兴服务业集群，引领了国内数字经济的发展潮流。这些新兴服务业的崛起不仅推动了杭州经济的转型升级，也为国内其他地区提供了可借鉴的经验和模式。作为杭州现代服务业的领军企业之一，阿里巴巴在电子商务领域取得了举世瞩目的成就，彰显了杭州在商业模式和技术创新方面的领先地位。

（二）现代服务业发展指标数据来源

本研究中各城市数据的时间区间为 2011—2021 年[①]。自 2011 年以来，我国服务业迈入了一个崭新的发展阶段。在这一阶段，我国服务业的发展质量

---

① 鉴于数据可得性，本报告研究区间截止到 2021 年，2022 年数据待更新。

显著提升，创新步伐持续加快，政策体系逐步完善，开放程度不断提高。这些积极的变化不仅有力地推动了我国经济的持续增长和转型升级，更为我国未来的发展奠定了坚实的基础。当前，中国经济正处于向高质量发展转型的关键阶段。现代服务业的高质量发展对现代化经济体系建设、新旧动能转换和产业融合升级以及新发展格局的形成至关重要。2017 年 6 月，国家发改委印发了《服务业创新发展大纲（2017—2025 年）》，明确了提升服务业市场化、社会化、国际化水平的发展方向，期望实现服务业增加值"十年倍增"，为我国转型升级为服务业强国夯实基础。同年 10 月，党的十九大报告指出，支持传统产业优化升级，加快发展现代服务业，瞄准国际标准提高水平。通过分析和评估 2011 年以来我国代表性城市现代服务业的发展情况，不仅能反映"十二五"至"十三五"期间我国现代服务业发展取得的成就，同时也对"十四五"期间促进我国现代服务业进一步发展、加速我国经济向高质量发展阶段转型具有重大意义。

数据来源方面，北京、上海、广州、深圳、杭州各个城市的主要指标数据源于国家统计局官方数据、中国城市统计年鉴、《北京统计年鉴》《上海统计年鉴》《广州统计年鉴》《深圳统计年鉴》以及《杭州统计年鉴》。其中部分数据按照各指标含义由原始数据计算而得。

第四章 北京现代服务业高质量发展指数：总指数

（一）北京现代服务业发展总体水平近年来始终保持高位，是国内现代服务业发展的标杆城市

通过测算，我们得到了 2011—2021 年北京、上海、广州、深圳、杭州 5 个城市现代服务业的发展指数。如表 4-1-1 和图 4-1-1 所示，北京的现代服务业总指数排名基本全部排在首位，且除杭州与广州的排名出现年份波动外，其余城市现代服务业总指数的相对发展趋势也较为平稳。从具体指数值的变化中可以发现，北京即使在其他城市不断追赶的情况下，仍然能领跑国内现代服务业发展，且自 2015 年北京现代服务业发展指数迈过 90 的台阶后，其指数表现出平稳增长趋势，可见其发展势头强劲。一方面，北京现代服务业近年来形成的新视点、新探索较多，很多服务业新业态的形成为北京创新创造能力提升和政府管理方面带来新的"动点"。另一方面，北京市科技、互联网、金融等领域的服务业发展程度要高于国内其他城市，形成了特定行业和产业优势，同时在北京的首都经济和政治影响下，关键配套产业的动能得到充分发挥，形成了北京现代服务业高质量发展指数领先的现象。

表 4-1-1 2011—2021 年国内 5 个城市现代服务业发展指数

年份	指标	北京	上海	广州	深圳	杭州
2011	指数值	87.32	86.48	83.82	83.85	83.55
	排名	1	2	4	3	5

续表

年份	指标	北京	上海	广州	深圳	杭州
2012	指数值	87.82	86.92	84.47	84.40	84.17
	排名	1	2	3	4	5
2013	指数值	88.36	87.11	85.74	85.21	84.52
	排名	1	2	3	4	5
2014	指数值	89.27	87.83	85.38	85.46	84.85
	排名	1	2	4	3	5
2015	指数值	90.06	89.62	86.17	86.14	85.38
	排名	1	2	3	4	5
2016	指数值	90.21	90.26	86.08	86.85	86.26
	排名	2	1	5	3	4
2017	指数值	90.84	89.71	86.47	87.14	86.60
	排名	1	2	5	3	4
2018	指数值	90.83	90.03	86.70	87.99	86.88
	排名	1	2	5	3	4
2019	指数值	91.44	90.35	87.26	88.71	87.04
	排名	1	2	4	3	5
2020	指数值	91.66	89.87	87.83	89.58	88.04
	排名	1	2	5	3	4
2021	指数值	91.71	90.58	88.27	90.12	88.57
	排名	1	2	5	3	4

（二）数字赋能与科技创新成为拉动北京现代服务业高质量发展的重要引擎，也是城市现代服务业规划的关注重点

从分项指数对总指数的贡献程度分析（见表4-1-2和图4-1-2），5个国内城市现代服务业发展主要因素的影响力大小存在差异。但目前，城市现代服务业发展依靠的主要动力来源基本上都是城市经济发展能力和对外开放程度，而科技创新和数字经济作为现代服务业高质量发展加速度的重要来源，

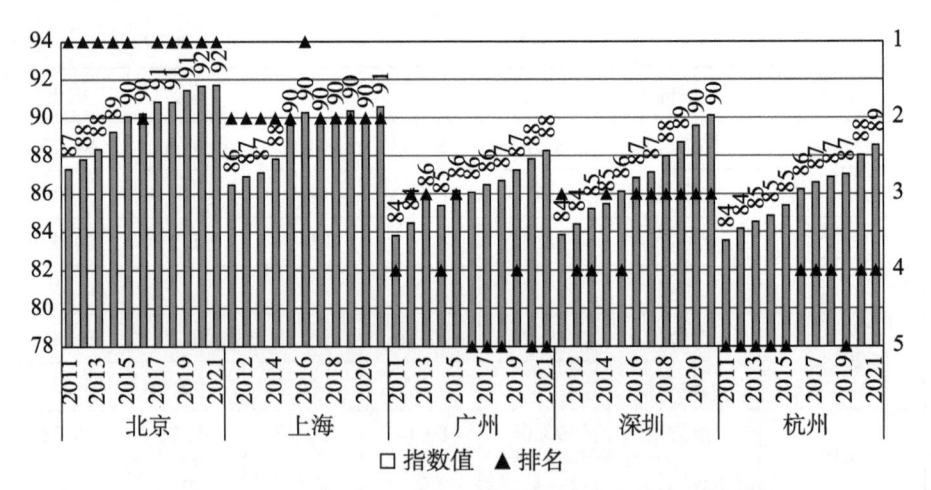

图 4-1-1　2011—2021 年国内 5 个城市现代服务业发展指数比较

成为北京市长期领跑的关键所在。北京市作为现代服务业发展领先城市，其发展动能则主要体现在对数字赋能的重视与促进，表现为数字赋能分指数数值在 2018 年后能稳定保持在 10 以上。相较于 2021 年广州 9.35 的低位输出，以及上海 9.53、深圳 9.71 和杭州 10.47 的中位发展，数字赋能成为北京市与其他城市拉开差距的重要因素。另外，从科技创新对总指数的贡献来看，北京的科技创新发展优势和能力发挥更为稳健，其原因可能体现在三个方面。第一，北京市科研能力雄厚，科研投入力度大。北京市拥有全国一半的两院院士，一半的顶尖学科，以及三分之一的国家重大科技基础设施。据施普林格·自然与清华大学联合发布的《全球科技创新中心指数 2020》显示，北京在全球科技创新中心位列第五。第二，北京市连续出台各项鼓励创新举措。2021 年初，北京市为破解"两区"建设中的痛点和难点问题，更是相继推行了 15 项释放科技创新活力的新举措。第三，北京市在创新平台建设和对外交流方面不断加大投入力度。北京市以"两区"和"三平台"为抓手，加速建设国际科技创新中心，实施更加开放包容、互惠共享的国际科技合作战略，加强与世界各国的科技交流与合作。

表 4-1-2 2011—2021 年国内 5 个城市现代服务业发展指数分解

年份	城市	发展基础	科技创新	数字赋能	对外开放
2011	北京	16.55	7.44	8.92	14.4
	上海	16.8	7.08	8.02	14.59
	广州	15.11	6.54	7.8	14.36
	深圳	15.4	7.21	7.89	13.36
	杭州	15.2	7.1	8.04	13.2
2012	北京	16.64	7.56	9.17	14.46
	上海	16.81	7.02	8.23	14.86
	广州	15.32	6.65	7.96	14.54
	深圳	15.39	7.4	8.12	13.5
	杭州	15.2	7.4	8.18	13.39
2013	北京	16.77	7.61	9.34	14.63
	上海	16.88	6.95	8.44	14.84
	广州	15.95	6.75	8.21	14.83
	深圳	15.72	7.23	8.46	13.79
	杭州	15.28	7.34	8.29	13.62
2014	北京	16.91	7.67	9.59	15.1
	上海	17.05	6.84	8.59	15.35
	广州	15.4	6.72	8.3	14.96
	深圳	15.78	7.07	8.56	14.06
	杭州	15.37	7.04	8.62	13.82
2015	北京	16.98	7.63	9.7	15.75
	上海	17.43	6.94	8.7	16.55
	广州	15.51	6.92	8.47	15.27
	深圳	16	7.09	8.71	14.33
	杭州	15.36	7.2	8.88	13.95

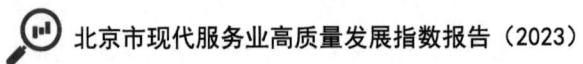

续表

年份	城市	发展基础	科技创新	数字赋能	对外开放
2016	北京	17.05	7.77	9.7	15.68
	上海	17.62	7	8.79	16.85
	广州	15.53	6.91	8.57	15.07
	深圳	16.11	7.21	8.9	14.63
	杭州	15.54	7.36	9.19	14.17
2017	北京	17.14	7.75	9.82	16.13
	上海	17.93	6.53	8.93	16.32
	广州	15.67	7.09	8.69	15.03
	深圳	16.26	7.41	9.09	14.38
	杭州	15.63	6.98	9.66	14.33
2018	北京	17.27	7.8	10.09	15.67
	上海	18.01	6.57	9.07	16.38
	广州	15.48	7.39	8.99	14.84
	深圳	16.29	7.89	9.33	14.47
	杭州	15.71	7.12	9.64	14.42
2019	北京	17.39	8.04	10.13	15.87
	上海	18.19	6.74	9.37	16.06
	广州	15.62	7.54	9.06	15.03
	深圳	16.39	8.09	9.53	14.71
	杭州	15.89	7.19	9.71	14.26
2020	北京	17.47	8.2	10.51	15.48
	上海	17.99	6.91	9.4	15.57
	广州	15.62	7.96	9.22	15.03
	深圳	16.55	8.52	9.61	14.89
	杭州	15.92	7.68	10.28	14.16

续表

年份	城市	发展基础	科技创新	数字赋能	对外开放
2021	北京	17.49	8.12	10.67	15.44
	上海	18.15	7.02	9.53	15.88
	广州	15.66	8.06	9.35	15.2
	深圳	16.67	8.73	9.71	15.01
	杭州	15.96	7.8	10.47	14.34

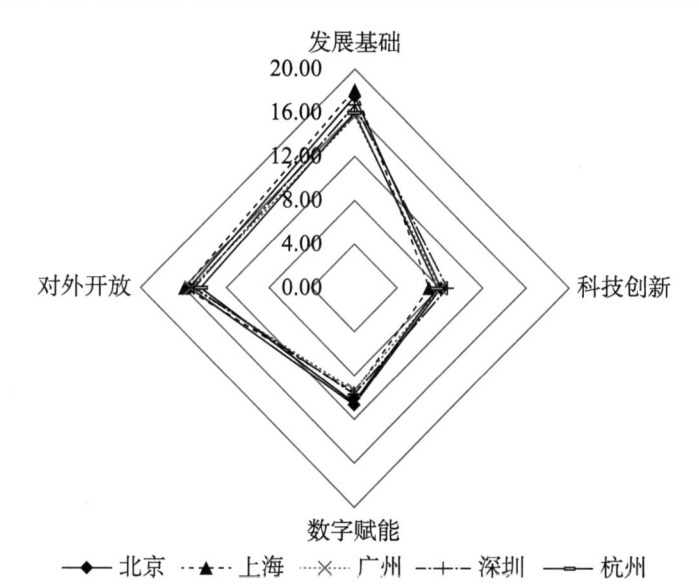

图 4-1-2　2021 年国内 5 个城市现代服务业发展指数分解

（三）北京现代服务业发展趋势平稳，基本具备高质量发展的基础、创新和数字经济条件，但对外开放程度仍有待提高

进一步测算，得到 2011—2021 年北京、上海、广州、深圳和杭州 5 个城市的现代服务业发展指数增长情况，如表 4-1-3 和图 4-1-3 所示。从现代服务业总指数变化来看，北京市的发展最为平稳，上海市和广州市则存在明显增长波动现象；从现代服务业的发展基础分指数来看，5 个城市基本上都呈现出逐年增长态势，体现在高质量发展目标驱动下，各个城市基本均已制定实

施现代服务业关于规模发展和行业结构布局等规划性内容发展方针；从现代服务业的科技创新分指数来看，2018—2020年，5个城市均连续出现科技创新驱动的现代服务业发展现象；从现代服务业的数字赋能分指数来看，广州与深圳存在明显的现代服务业数字化波动劣势，在数字基础设施建设和数字产出收益方面相对落后于其他研究城市；从现代服务业的对外开放分指数来看，受近年来国际经济复杂环境和新冠疫情影响，5个城市现代服务业对外开放指数波动较大，尤其以北京和上海的波动最为剧烈。

表4-1-3　2012—2021年国内5个城市现代服务业发展指数增长情况

年份	城市	发展基础	科技创新	数字赋能	对外开放	总指数
2012	北京	0.0053	0.0161	0.0275	0.0036	0.0058
	上海	0.0010	−0.0092	0.0267	0.0188	0.0051
	广州	0.0136	0.0167	0.0197	0.0129	0.0078
	深圳	−0.0006	0.0267	0.0294	0.0104	0.0066
	杭州	−0.0004	0.0417	0.0176	0.0141	0.0074
2013	北京	0.0082	0.0071	0.0183	0.0124	0.0061
	上海	0.0038	−0.0091	0.0257	−0.0013	0.0022
	广州	0.0417	0.0146	0.0321	0.0196	0.0151
	深圳	0.0215	−0.0229	0.0424	0.0220	0.0095
	杭州	0.0057	−0.0085	0.0129	0.0168	0.0042
2014	北京	0.0079	0.0081	0.0272	0.0316	0.0103
	上海	0.0105	−0.0169	0.0176	0.0345	0.0083
	广州	−0.0344	−0.0042	0.0102	0.0088	−0.0042
	深圳	0.0040	−0.0227	0.0107	0.0191	0.0030
	杭州	0.0057	−0.0402	0.0402	0.0148	0.0039

续表

年份	城市	发展基础	科技创新	数字赋能	对外开放	总指数
2015	北京	0.0046	-0.0058	0.0115	0.0430	0.0089
	上海	0.0218	0.0152	0.0134	0.0778	0.0203
	广州	0.0066	0.0298	0.0212	0.0209	0.0093
	深圳	0.0140	0.0027	0.0185	0.0197	0.0079
	杭州	-0.0010	0.0229	0.0301	0.0094	0.0063
2016	北京	0.0041	0.0184	0.0002	-0.0041	0.0016
	上海	0.0113	0.0092	0.0093	0.0184	0.0072
	广州	0.0018	-0.0024	0.0113	-0.0131	-0.0011
	深圳	0.0067	0.0175	0.0219	0.0203	0.0083
	杭州	0.0122	0.0218	0.0349	0.0157	0.0102
2017	北京	0.0053	-0.0027	0.0121	0.0283	0.0070
	上海	0.0175	-0.0670	0.0170	-0.0319	-0.0061
	广州	0.0089	0.0264	0.0137	-0.0030	0.0046
	深圳	0.0093	0.0282	0.0212	-0.0171	0.0033
	杭州	0.0055	-0.0508	0.0510	0.0114	0.0040
2018	北京	0.0077	0.0061	0.0272	-0.0285	-0.0001
	上海	0.0042	0.0058	0.0152	0.0042	0.0036
	广州	-0.0122	0.0420	0.0352	-0.0127	0.0026
	深圳	0.0022	0.0649	0.0264	0.0069	0.0098
	杭州	0.0051	0.0189	-0.0017	0.0065	0.0033
2019	北京	0.0070	0.0313	0.0040	0.0133	0.0068
	上海	0.0103	0.0249	0.0328	-0.0198	0.0036
	广州	0.0091	0.0215	0.0079	0.0133	0.0065
	深圳	0.0057	0.0252	0.0208	0.0161	0.0082
	杭州	0.0114	0.0097	0.0069	-0.0111	0.0018

续表

年份	城市	发展基础	科技创新	数字赋能	对外开放	总指数
2020	北京	0.0045	0.0198	0.0371	−0.0248	0.0024
	上海	−0.0109	0.0255	0.0033	−0.0307	−0.0054
	广州	−0.0003	0.0554	0.0174	−0.0003	0.0065
	深圳	0.0100	0.0535	0.0090	0.0124	0.0097
	杭州	0.0023	0.0680	0.0595	−0.0072	0.0115
2021	北京	0.0013	−0.0102	0.0152	−0.0029	0.0006
	上海	0.0089	0.0163	0.0135	0.0203	0.0080
	广州	0.0029	0.0120	0.0143	0.0114	0.0051
	深圳	0.0072	0.0239	0.0103	0.0078	0.0060
	杭州	0.0021	0.0162	0.0181	0.0131	0.0060

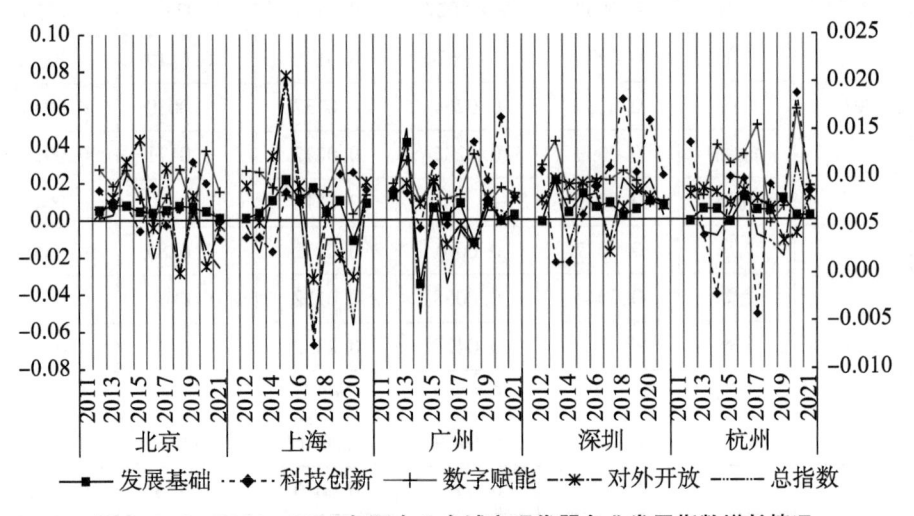

图 4-1-3　2011—2021 年国内 5 个城市现代服务业发展指数增长情况

第五章　北京现代服务业高质量发展指数：分指数

第一节　发展基础指数

本节将对我国 5 个城市的现代服务业发展基础情况做出具体的数据分析和描述，2011—2021 年各城市现代服务业发展基础指数如表 5-1-1 所示。

表 5-1-1　2011—2021 年国内 5 个城市现代服务业发展基础指数

年份	城市	二级指标 发展规模	二级指标 行业结构	发展基础	排名
2011	北京	7.41	9.14	16.55	2
	上海	8.15	8.65	16.80	1
	广州	6.58	8.53	15.11	5
	深圳	6.62	8.77	15.39	3
	杭州	6.54	8.66	15.20	4
2012	北京	7.47	9.16	16.63	2
	上海	8.19	8.62	16.81	1
	广州	6.65	8.66	15.31	4
	深圳	6.68	8.71	15.39	3
	杭州	6.62	8.58	15.20	5

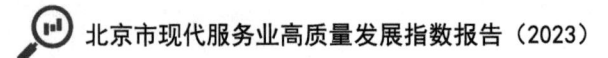

续表

年份	城市	二级指标 发展规模	行业结构	发展基础	排名
2013	北京	7.53	9.25	16.78	2
	上海	8.24	8.63	16.87	1
	广州	6.69	9.27	15.96	3
	深圳	6.78	8.94	15.72	4
	杭州	6.70	8.59	15.29	5
2014	北京	7.56	9.34	16.90	2
	上海	8.35	8.70	17.05	1
	广州	6.69	8.72	15.41	4
	深圳	6.81	8.97	15.78	3
	杭州	6.74	8.63	15.37	5
2015	北京	7.64	9.34	16.98	2
	上海	8.54	8.88	17.42	1
	广州	6.73	8.78	15.51	4
	深圳	6.95	9.06	16.01	3
	杭州	6.84	8.52	15.36	5
2016	北京	7.70	9.35	17.05	2
	上海	8.79	8.83	17.62	1
	广州	6.77	8.76	15.53	5
	深圳	7.03	9.08	16.11	3
	杭州	6.95	8.60	15.55	4
2017	北京	7.76	9.38	17.14	2
	上海	8.86	9.07	17.93	1
	广州	6.83	8.85	15.68	4
	深圳	7.07	9.19	16.26	3
	杭州	7.06	8.57	15.63	5

续表

年份	城市	二级指标 发展规模	二级指标 行业结构	发展基础	排名
2018	北京	7.84	9.43	17.27	2
	上海	8.87	9.14	18.01	1
	广州	7.02	8.46	15.48	5
	深圳	7.12	9.17	16.29	3
	杭州	7.11	8.60	15.71	4
2019	北京	7.93	9.47	17.40	2
	上海	9.00	9.19	18.19	1
	广州	7.11	8.52	15.63	5
	深圳	7.15	9.23	16.38	3
	杭州	7.18	8.71	15.89	4
2020	北京	7.95	9.53	17.47	2
	上海	8.71	9.28	17.99	1
	广州	7.14	8.48	15.62	5
	深圳	7.19	9.37	16.56	3
	杭州	7.25	8.68	15.93	4
2021	北京	7.98	9.52	17.50	2
	上海	8.89	9.27	18.16	1
	广州	7.17	8.49	15.66	5
	深圳	7.24	9.43	16.67	3
	杭州	7.28	8.67	15.95	4

发展基础分指数包含发展规模和行业结构两个指标。

第一，从发展基础指数来看，2011—2021年北京的指数值基本保持在第二的位置，仅次于上海，其次是深圳、杭州和广州。北京近年来一直重视现代服务业的发展。北京在"十四五"时期提出，要以建设全球创新中心为引领，加快培育金融、科技、信息、文化创意、商务服务等现代服务业。北京积极推动现代服务业高质量发展，使其发展基础指数得分位居前列。与此同时，北京创新性地提出了现代服务业占 GDP 比重的目标值，显示了未来五年加快推动现代服务业高质量发展的"雄心"，进而支撑城市综合实力和服务功能迈上新台阶。北京的政策支持为现代服务业发展奠定了良好的基础，且发展稳定，使得其得分并没有很大波动。

第二，从两个二级指标分别来看，每个城市的得分均存在较大差异，结论如下。

从发展规模得分来看（见图 5-1-1），2011—2021 年北京得分比较稳定，略低于上海。北京作为我国经济发达的特大型城市，信息化水平高，消费结构升级明显，凭借其市场需求优势，促使现代服务业具有广阔的发展空间。在这 11 年期间，北京服务业发展势头强劲，得益于其现代服务业的政策支持，再加上北京具有其他地区不可比拟的优势，如企业可借助首都优势，充分利用丰富的政府公共资源，能够及时、便捷地了解行业发展的动态和政策导向。与此同时，北京还具备资本优势、技术和研发优势、旅游资源优势等，助推其现代服务业规模持续增加。另外，上海、广州、深圳和杭州的得分整体呈上升趋势。上海现代服务业发展现状良好。作为我国金融发展中心，上海服务业发展潜力特别是金融业的发展潜力与日俱增，数字化转型引领现代服务业高质量发展。广州近年来通过发展直播经济、总部经济、定制经济、平台经济、夜间经济等经济品牌，助推服务升级和新业态发展，推动现代服务业出新出彩。深圳作为改革开放的先行区，其服务业发展活力不断涌现并逐步成为全市经济发展的主引擎。杭州作为我国的电子商务之都，近年来在推动软件和信息技术服务业高质量发展方面持续发力，且成效显著，并进一步加快建设现代服务业标杆城市，推动杭州现代服务业高质量发展再出发。

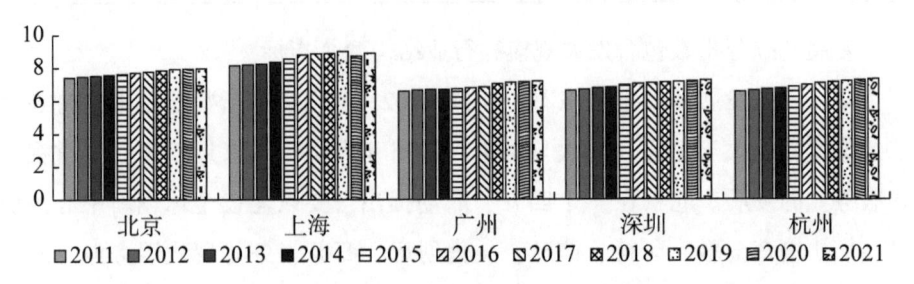

图 5-1-1　2011—2021 年国内 5 个城市现代服务业发展规模分指数

但从增速上来看，现代服务业发展规模得分的增长率变化差异较大，如表5-1-2和图5-1-2所示。其中，北京现代服务业发展规模增长率整体波动相对较小，基本上维持在1%左右。但是在2020年和2021年增速明显放缓。上海现代服务业发展规模增长率在2012年至2021年整体波动较大。在2012—2016年增长率呈上升趋势，在2016年之后增速放缓，在2021年增速有所回升，增长率为2%。广州现代服务业发展规模增长率在2012年至2021年期间波动也相对较大，于2014年增速较低，而2018年增速高达2.8%。深圳在2012年至2021年现代服务业发展规模增长率基本为正，但是在2015年之后增速放缓，在2021年增速有所回升，增长率为0.7%。杭州现代服务业发展规模增长率在2016年和2017年达到顶峰，增速达到1.6%，但是在2021年该增长率有所下降，仅为0.5%。

表5-1-2　2012—2021年国内5个城市现代服务业发展规模增长率

单位:%

	2012年	2013年	2014年	2015年	2016年	2017年	2018年	2019年	2020年	2021年
北京	0.009	0.007	0.005	0.010	0.009	0.008	0.010	0.011	0.002	0.004
上海	0.005	0.006	0.013	0.023	0.029	0.008	0.001	0.015	-0.032	0.020
广州	0.011	0.005	-0.0001	0.006	0.007	0.008	0.028	0.012	0.005	0.005
深圳	0.009	0.015	0.004	0.020	0.012	0.006	0.007	0.005	0.005	0.007
杭州	0.011	0.013	0.007	0.013	0.016	0.016	0.007	0.009	0.009	0.005

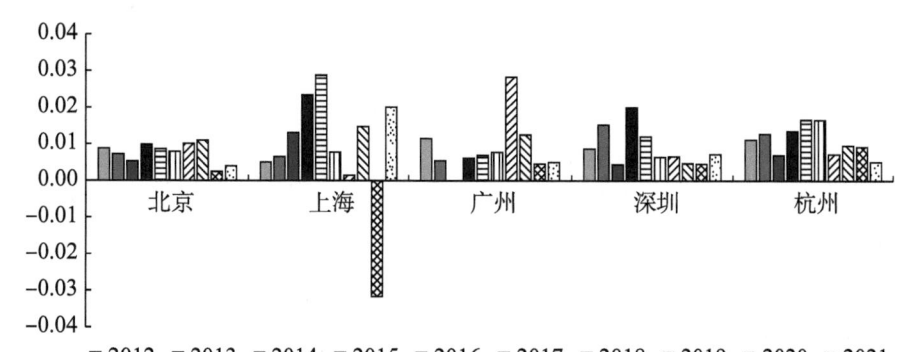

图5-1-2　2012—2021年国内5个城市现代服务业发展规模增长率

从行业结构来看，2011—2021 年，北京、上海和深圳的行业结构得分整体上呈现略微上升趋势，广州和杭州的行业结构得分相对较为稳定，如图 5-1-3 所示。北京的行业结构得分在这 5 个城市中位于前列，主要由于北京在"十三五"时期就关注了现代服务业的发展，聚焦"四个中心"功能建设和"四个服务"水平提升。在政策的支持下，金融、商务、文化等领域快速发展，现代服务业要素加速聚集，并且获批国家服务业扩大开放综合示范区和中国（北京）自由贸易试验区，重点服务领域开放步伐加快。这些都成为北京现代服务业行业结构优化方面的助力。深圳的行业结构得分也处于靠前位置。作为中国首个以城市为基本单元的国家自主创新示范区，深圳服务业通过聚焦发展现代金融、科技创新、专业服务等提升现代服务业发展结构。上海在行业结构得分中紧随其后。上海以服务经济为主的产业结构被持续巩固，服务业成为稳增长的主力军，是上海产业发展的基本盘。行业结构得分略低于上海的是杭州和广州。杭州产业变迁至今，其产业结构呈"三二一"格局，服务业已成为主要产业而且优势突出，其中生产性服务业和生活性服务业最受重视。广州作为粤港澳大湾区的重点地区，现代服务业加快发展。同时，广州大力推进服务业结构调整和转型升级，现代金融、信息服务、商务服务等知识密集型服务业获得快速发展。

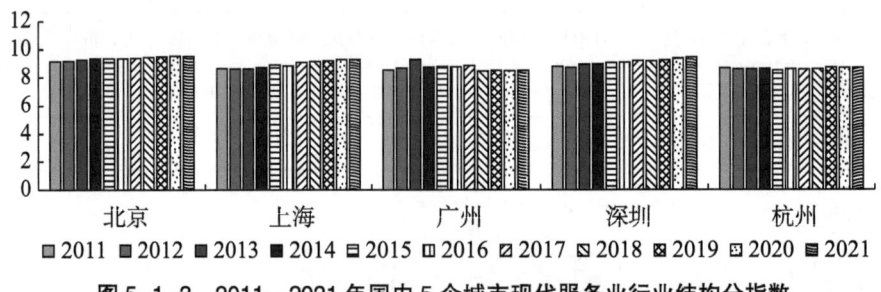

图 5-1-3 2011—2021 年国内 5 个城市现代服务业行业结构分指数

2012—2021 年国内 5 个城市现代服务业行业结构增长率如表 5-1-3 和图 5-1-4 所示。

北京现代服务业行业结构增长率整体增速较低，2012 年至 2021 年北京现代服务业行业结构增长率整体波动幅度不大，在 1%左右；上海行业结构在 2016 年增长率较低，2017 年之后增长率有所回升，但是在 2021 年增长率明显放缓；广州行业结构增长率波动幅度最大，2013年增长率高达6.9%，但整体呈波动下降趋势；深圳在这5个城市中，行业结构增长率相对均衡，基本上呈现波动增长态势；杭州行业结构增长率波动相对较小，在2019年增长率达到高峰，为1.3%，但是在2020年和2021年增长率偏低。

表5-1-3 2012—2021年国内5个城市现代服务业行业结构增长率

单位：%

	2012年	2013年	2014年	2015年	2016年	2017年	2018年	2019年	2020年	2021年
北京	0.003	0.009	0.010	0.0003	0.0004	0.003	0.006	0.004	0.006	-0.001
上海	-0.003	0.001	0.008	0.020	-0.006	0.027	0.007	0.006	0.010	-0.002
广州	0.015	0.069	-0.059	0.007	-0.002	0.010	-0.043	0.006	-0.004	0.001
深圳	-0.008	0.026	0.004	0.009	0.003	0.012	-0.001	0.006	0.014	0.007
杭州	-0.009	0.0003	0.005	-0.012	0.009	-0.003	0.003	0.013	-0.003	-0.0003

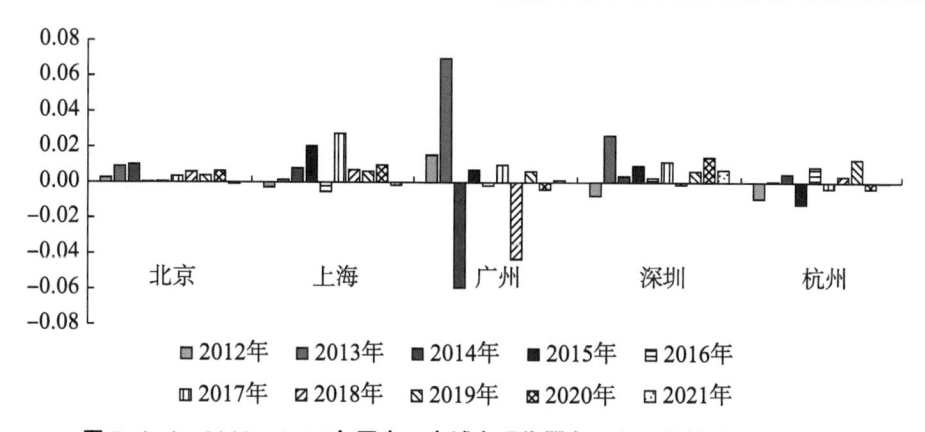

图5-1-4 2012—2021年国内5个城市现代服务业行业结构分指数增长率

第二节 科技创新指数

本节将对我国5个城市的现代服务业科技创新情况做出具体的数据分析和描述，2011—2021年各城市现代服务业科技创新指数如表5-2-1所示。

表 5-2-1 2011—2021 年国内 5 个城市现代服务业科技创新指数

年份	城市	二级指标 创新要素	二级指标 创新效益	科技创新	排名
2011	北京	4.363	3.077	7.440	1
	上海	3.290	3.792	7.082	4
	广州	3.205	3.339	6.544	5
	深圳	3.725	3.482	7.207	2
	杭州	3.223	3.879	7.102	3
2012	北京	4.451	3.109	7.560	1
	上海	3.320	3.697	7.017	4
	广州	3.258	3.395	6.653	5
	深圳	3.878	3.522	7.400	2
	杭州	3.257	4.142	7.399	3
2013	北京	4.465	3.148	7.613	1
	上海	3.343	3.609	6.952	4
	广州	3.308	3.442	6.750	5
	深圳	3.827	3.403	7.230	3
	杭州	3.281	4.054	7.335	2
2014	北京	4.479	3.196	7.675	1
	上海	3.353	3.482	6.835	4
	广州	3.327	3.395	6.722	5
	深圳	3.671	3.395	7.066	2
	杭州	3.344	3.697	7.041	3
2015	北京	4.458	3.172	7.630	1
	上海	3.362	3.577	6.939	4
	广州	3.361	3.562	6.923	5
	深圳	3.690	3.395	7.085	3
	杭州	3.362	3.840	7.202	2

续表

年份	城市	二级指标		科技创新	排名
		创新要素	创新效益		
2016	北京	4.495	3.276	7.771	1
	上海	3.370	3.633	7.003	4
	广州	3.336	3.570	6.906	5
	深圳	3.775	3.434	7.209	3
	杭州	3.360	3.999	7.359	2
2017	北京	4.482	3.268	7.750	1
	上海	3.385	3.148	6.533	5
	广州	3.463	3.625	7.088	3
	深圳	3.922	3.490	7.412	2
	杭州	3.415	3.570	6.985	4
2018	北京	4.545	3.252	7.797	2
	上海	3.415	3.156	6.571	5
	广州	3.467	3.919	7.386	3
	深圳	4.205	3.689	7.894	1
	杭州	3.444	3.673	7.117	4
2019	北京	4.845	3.196	8.041	2
	上海	3.484	3.252	6.736	5
	广州	3.586	3.959	7.545	3
	深圳	4.372	3.720	8.092	1
	杭州	3.537	3.649	7.186	4
2020	北京	4.917	3.283	8.200	2
	上海	3.488	3.419	6.907	5
	广州	3.639	4.324	7.963	3
	深圳	4.629	3.895	8.524	1
	杭州	3.677	3.999	7.676	4

续表

年份	城市	二级指标		科技创新	排名
		创新要素	创新效益		
2021	北京	4.881	3.236	8.117	2
	上海	3.505	3.514	7.019	5
	广州	3.623	4.436	8.059	3
	深圳	4.682	4.046	8.728	1
	杭州	3.610	4.189	7.799	4

科技创新指数包含创新要素和创新效益两个指标。

第一，从科技创新得分来看（见图5-2-1），2011—2021年北京市和深圳市在国内5个城市中处于领先地位，且两市不相上下。在此期间，北京市和深圳市现代服务业科技创新得分均在7分以上，处于领先水平，且2017年以来科技创新得分上升趋势明显。作为中国的服务业发展高地，北京现代服务业有着雄厚的发展基础，同时北京市在全国率先提出高精尖产业发展的构想，依靠科技引领，培育出现代服务业强大的科技创新能力。近年来，北京市依靠科技创新和制度创新的双轮驱动，在基础研究、"两区"建设、大数据、高精尖产业的构建、纵深开放合作等方面取得了巨大的发展成就，使其成为全球科技创新资源最为集中的城市之一。而深圳市从2018年起反超北京市。近年来深圳市现代服务业科技创新指数迅速发展的原因是，作为"创新之城"，改革创新已成为常态，深圳市正在完善"基础研究+技术攻关+成果产业化+科技金融+人才支撑"的全过程创新产业链，实现在软件、人工智能、区块链、大数据、云计算、信息安全等领域的原始创新，为深圳市现代服务业的创新发展注入源源不断的动力。杭州和广州，常年处于第3位和第4位，实力相对较强，整体上得分在7分左右。近年来，杭州市着力于打造现代服务业"N+1"体系，释放数字动能，力争打造信息技术服务产业高地与科技创新服务、数字服务和数字贸易聚集新高地，为现代服务业的发展注入活力。广州市近年来以科技创新为动力，以打造高端化专业化发展平台为重要抓手，推动人工智能和大数据、云计算和"互联网+"、金融科技等与现代服务业的融合，促进了现代服务业科技创新指数的快速发展。上海的科技创新得分位于第 5 位，平均得分不足 7 分，科技创新实力较以上城市相对较弱，有较大的发展潜力。2017 年以来，上海市科技创新指数有所提升。这主要依赖于上海市科技服务业的快速发展、科技创新服务平台加速构建、科技创新服务网络不断拓展、科技基础设施不断完善以及科技服务支持的日趋健全。从增长率来看（见图 5-2-2），2017 年以来，整体上各城市科技创新指数增长率均有不同程度的上升，其中广州市和深圳市增速较快。

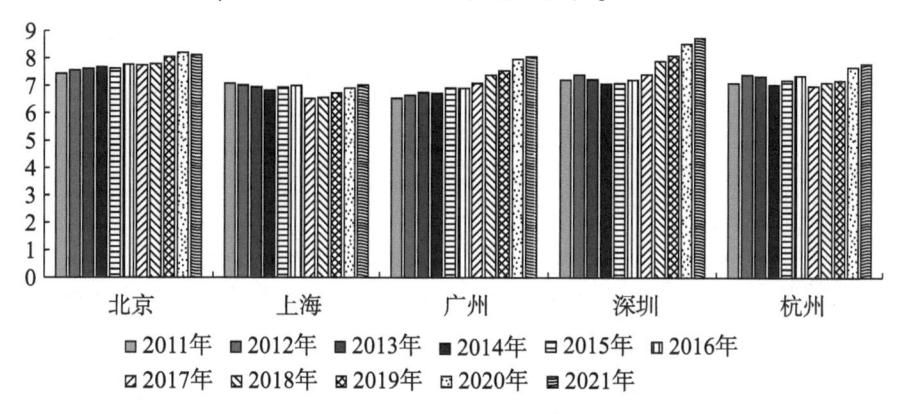

图 5-2-1 2011—2021 年国内 5 个城市现代服务业科技创新指数

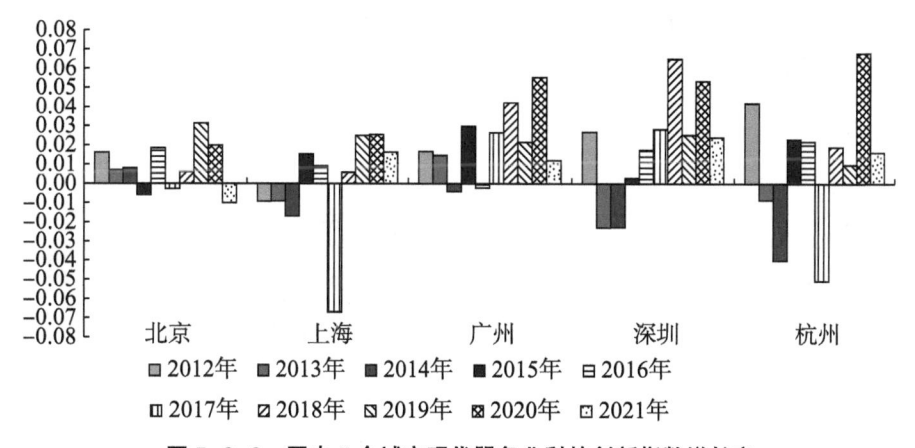

图 5-2-2 国内 5 个城市现代服务业科技创新指数增长率

第二，从两个二级指标来看，结论如下。

从创新要素得分来看（见图 5-2-3），2011—2021 年北京始终维持在第 1 位，得分在 4 分以上，逐年稳步上升。这主要依托于北京市拥有丰厚的科研资源，汇聚了大量的科研人才和资金，提供了稳定且丰富的科技创新资源要素。其次为深圳市，得分从2012年的3.7分上升至2021年的4.6分，增长最快。这主要得益于近年来深圳市大力发展高校、科研院所等，为现代服务业科技创新提供优质人才。同时，融资服务的不断改善为现代服务业创新提供资金支持。上海、广州和杭州创新要素指数均在3.5分左右，增长缓慢，有较大发展空间。

从创新要素增长率来看（见图5-2-4），深圳市创新要素最为活跃，增长最快，而北京、上海、广州、杭州创新要素指数近年来涨幅较小。

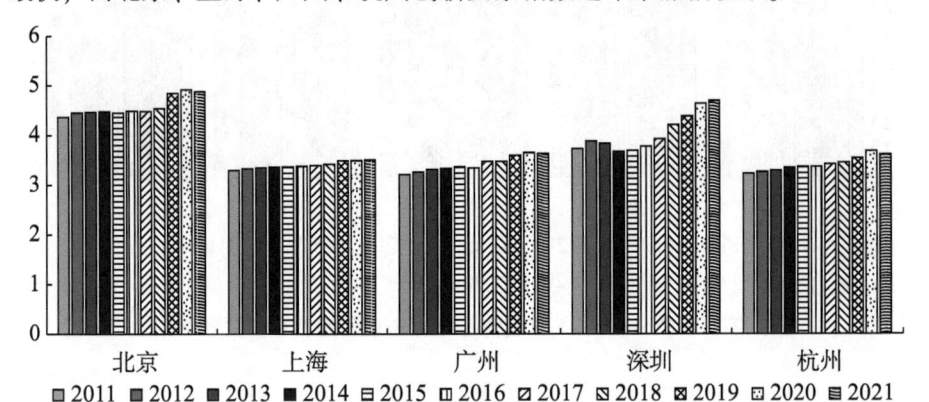

图5-2-3 2011—2021年国内5个城市现代服务业创新要素分指数

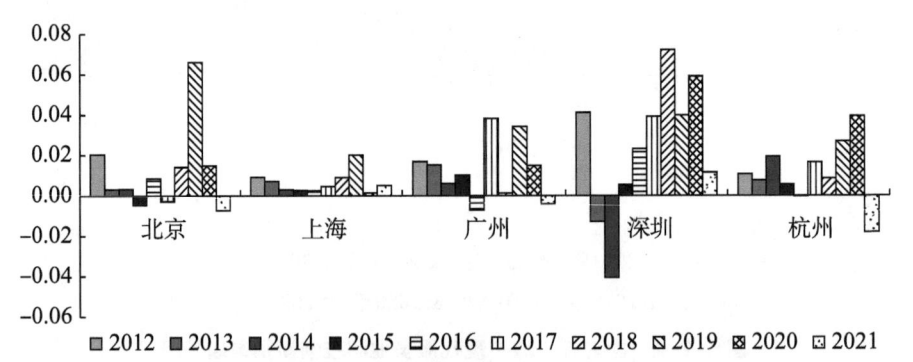

图5-2-4 国内5个城市现代服务业创新要素分指数增长率

从创新效益得分来看（见图5-2-5），2011—2021年广州创新效益指数最高，得分在3分以上，且2017年以来增速较快。这主要是由于近年来，广州通过发展直播经济、总部经济、定制经济、平台经济、夜间经济等经济品牌，升级服务、发展新业态，着力擦亮现代服务业这张产业名片，让"广州服务"迸发新动能，推动现代服务业出新出彩。杭州和深圳次之，相差无几。杭州市近年来鼓励建设以市场为导向的产业技术创新联盟、鼓励企业与科研机构合作、创新高新技术产业研发引导机制、加快建设技术市场交易中心以及创业孵化服务体系等，是创新效益高的主要原因。深圳市近年来创新效益增长较快，营造了良好的营商环境，培育出的雁阵型企业梯队可能是其增长的重要驱动力。2017年以来上海市现代服务业创新效益指数逐渐上升，正在弥补2017年以前的下滑，上海市近年来通过促进服务业与制造业深度融合，推动服务业与新技术融合，依托"上海制造"提升"上海服务"的品牌影响力；通过积极发展以新技术、新产业、新业态、新模式为特征的"四新"经济，支持引导服务业企业加大研发投入，提升服务业企业创新水平和创新效率；通过加快新一代移动通信、物联网、云计算等新技术的建设与推广，鼓励服务业企业强化"互联网+"思维，紧密对接市场，实现服务业企业创新服务模式和业态。北京市在实现创新效益方面较为落后。"十三五"以来，北京市以科技文化双轮驱动为重点推进改革创新，加快建设企业主导的产学研用协同创新体系，形成协同创新良性发展局面；发挥中关村创新创业引领示范作用，发展众创空间；搭建创新创业服务平台，强化以"投资+孵化"为主导的创业服务模式创新，加强创业品牌输出。北京市的这些举措已有成效，但仍存在较大的改善空间。

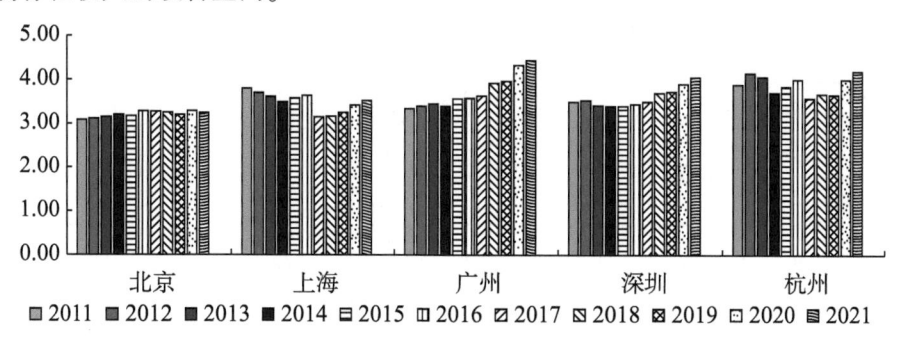

图 5-2-5 2011—2021 年国内 5 个城市现代服务业创新效益指数

从创新效益增长率来看（见图 5-2-6），广州、深圳始终保持增长态势，发展良好；上海市以 2017 年为分界点，前期下降严重，后期逐渐恢复发展；杭州市创新效益指数波动幅度较大。

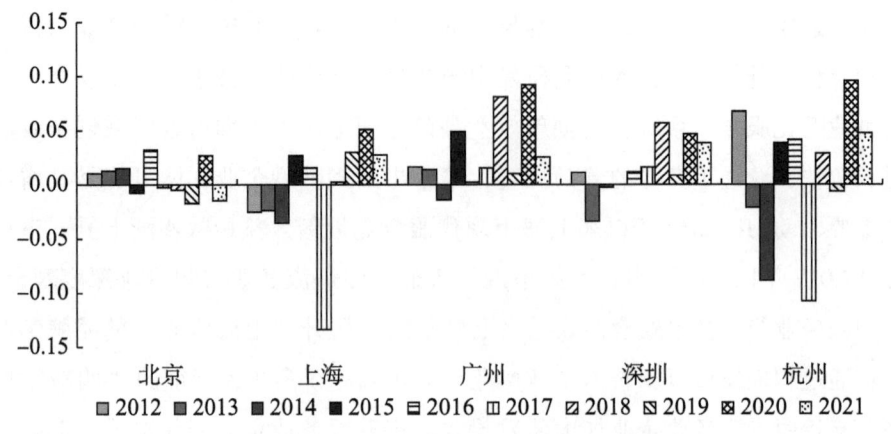

图 5-2-6　国内 5 个城市现代服务业创新效益指数增长率

第三节　数字赋能指数

本节将对我国 5 个城市的现代服务业数字赋能情况做出具体的数据分析和描述，2011—2021 年各城市现代服务业数字赋能指数如表 5-3-1 所示。

表 5-3-1　2011—2021 年国内 5 个城市现代服务业数字赋能指数

年份	城市	二级指标 数字基础	二级指标 价值创造	数字赋能	排名
2011	北京	4.94	3.98	8.92	1
2011	上海	4.85	3.16	8.01	3
2011	广州	4.72	3.09	7.81	5
2011	深圳	4.72	3.17	7.89	4
2011	杭州	4.64	3.40	8.04	2

68

续表

年份	城市	二级指标 数字基础	二级指标 价值创造	数字赋能	排名
2012	北京	5.16	4.01	9.17	1
	上海	5.04	3.19	8.23	2
	广州	4.88	3.08	7.96	5
	深圳	4.89	3.23	8.12	4
	杭州	4.78	3.40	8.18	3
2013	北京	5.27	4.07	9.34	1
	上海	5.16	3.28	8.44	3
	广州	5.08	3.13	8.21	5
	深圳	5.09	3.38	8.47	2
	杭州	4.90	3.39	8.29	4
2014	北京	5.47	4.12	9.59	1
	上海	5.28	3.31	8.59	3
	广州	5.15	3.14	8.29	5
	深圳	5.17	3.39	8.56	4
	杭州	5.02	3.60	8.62	2
2015	北京	5.50	4.20	9.70	1
	上海	5.37	3.34	8.71	4
	广州	5.30	3.17	8.47	5
	深圳	5.28	3.43	8.71	3
	杭州	5.12	3.76	8.88	2
2016	北京	5.49	4.21	9.70	1
	上海	5.41	3.38	8.79	4
	广州	5.37	3.20	8.57	5
	深圳	5.37	3.54	8.91	3
	杭州	5.20	3.98	9.18	2

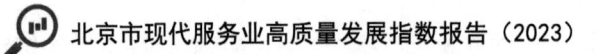

续表

年份	城市	二级指标 数字基础	二级指标 价值创造	数字赋能	排名
2017	北京	5.52	4.30	9.82	1
	上海	5.50	3.44	8.94	4
	广州	5.45	3.23	8.68	5
	深圳	5.48	3.61	9.09	3
	杭州	5.33	4.32	9.65	2
2018	北京	5.62	4.47	10.09	1
	上海	5.64	3.43	9.07	4
	广州	5.58	3.41	8.99	5
	深圳	5.62	3.72	9.34	3
	杭州	5.42	4.22	9.64	2
2019	北京	5.64	4.49	10.13	1
	上海	5.76	3.60	9.36	4
	广州	5.60	3.47	9.07	5
	深圳	5.69	3.83	9.52	3
	杭州	5.57	4.14	9.71	2
2020	北京	5.64	4.86	10.50	1
	上海	5.86	3.54	9.40	4
	广州	5.57	3.65	9.22	5
	深圳	5.65	3.96	9.61	3
	杭州	5.56	4.73	10.29	2
2021	北京	5.69	4.97	10.66	1
	上海	5.88	3.65	9.53	4
	广州	5.67	3.68	9.35	5
	深圳	5.74	3.97	9.71	3
	杭州	5.62	4.85	10.47	2

数字赋能分指数包括数字基础和价值创造两个指标。

第一，从数字赋能指数来看（见图5-3-1），北京在过去十年中数字赋能分值一直处于较高水平，始终保持在第一位，这说明北京在数字化转型和技术创新方面取得了重要的进展，可以归因于北京丰富的创新资源和创业生态系统，以及政府积极推动数字经济的发展。同时，北京在2016年被批复为国家级大数据综合试验区，为现代服务业的发展打下了坚实的数字基础。政策的支持为现代服务业的发展奠定了良好的基础，现代服务业的数字化转型程度稳步提升，使得其数字赋能得分没有较大波动。北京之所以在数字赋能方面保持领先地位，可以归因于科技实力和优势、多样化的产业结构、政府支持和政策导向、创新创业生态系统以及完善的数字基础设施建设等因素的综合作用。作为中国的首都和科技创新中心，北京拥有丰富的科技资源和雄厚的科技实力，吸引了大量高科技企业和研究机构。同时，多元化的产业结构和庞大的经济规模，为数字赋能提供了广阔的应用场景和平台。政府积极推动数字化转型和数字赋能的发展，通过出台支持政策和举措，鼓励企业和创新项目在数字领域进行投资和研发。此外，北京拥有活跃的创新创业生态系统和完善的数字基础设施，为创新创业者和数字化应用的发展提供了良好的环境支持，进而促进了北京在数字赋能领域的持续发展和领先地位。

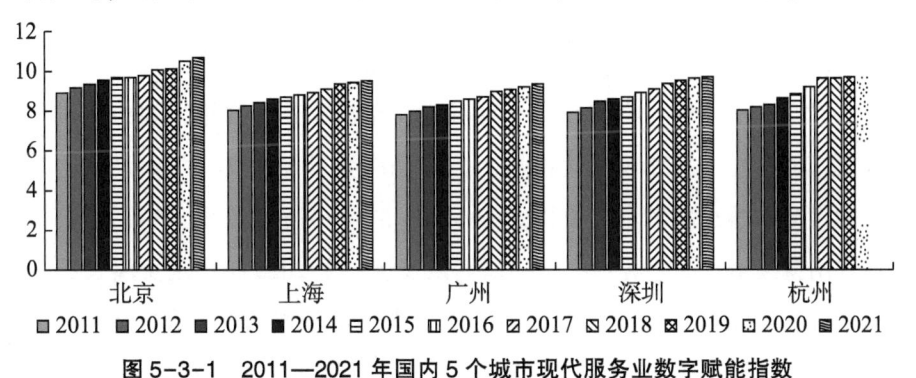

图5-3-1 2011—2021年国内5个城市现代服务业数字赋能指数

第二，从二级指标贡献度来看（见图5-3-2），在5个城市样本中，不同城市占据主导地位的因素存在差异。依据2021年数据，北京和上海的数字基础得分相对较高，说明这两个城市为现代服务业高质量发展提供了良好的基础设施建设。尤其是北京近年来加快新型基础设施建设，加强战略布局，加快建设高速泛在、天地一体、云网融合、智能敏捷、绿色低碳、安全可控的智能化综合性数字信息基础设施，使得其数字基础分指标贡献度较高。杭州现代服务业价值创造得分领先于其他城市，原因在于其作为我国的电子商务之都以及阿里巴巴总部的所在地，近年来在推动软件和信息技术服务业高质量发展方面持续发力，且成效显著，并进一步加快建设现代服务业标杆城市。

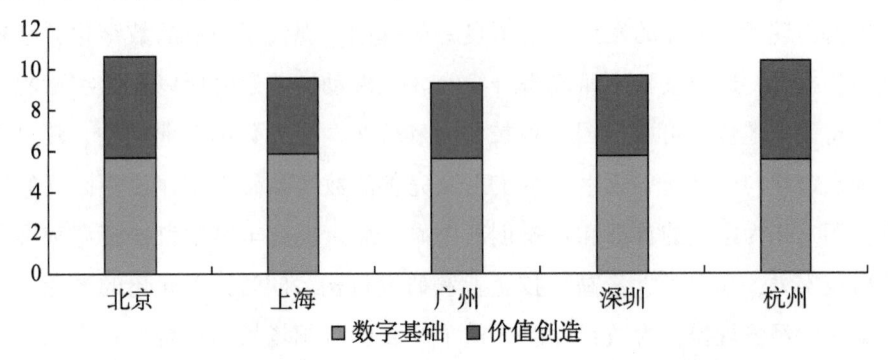

图 5-3-2　国内 5 个城市现代服务业数字赋能指数分项构成

第三，从两个二级指标来看，结论如下。

从数字基础得分来看（见图 5-3-3），广州数字基础设施建设各项指标处于较低水平，导致数字基础得分与其他城市存在较大的差距。北京和上海的数字基础得分处于较高水平，对于其数字赋能得分的提升具有重要的推动作用，可以归因于当地政府出台的推动数字基础设施建设政策，大力推进数字基础设施体系化发展和规模化部署，为经济高质量发展注入强大动力。从数字基础得分的增长率来看（见图 5-3-4），北京 2016 年出现负增长，其他年份呈现出持续增长的趋势；广州、深圳以及杭州于 2020 年出现负增长，其他年份依然稳定增长；上海则在观测期内呈现出波动增长的趋势。总体而言，5 个城市都在积极推进数字化发展，提升数字基础设施和相关产业的发展水平。

从价值创造得分来看（见图 5-3-5），北京常年稳居第一位，这一成就的取得归因于其互联网、大数据、人工智能、物联网等数字领域的政策不断出台。这些政策不仅为相关产业提供了资金支持，还推动了数字产业的快速发展。北京作为我国首都，其政治、经济、文化等多方面的优势都为数字产业的发展提供了得天独厚的条件。与此同时，杭州的价值创造得分呈现出逐年递增的趋势，其数字产业价值创造能力仅次于北京。杭州作为我国的电子商务之都，近年来在推动软件和信息技术服务业高质量发展方面持续发力，且成效显著。杭州不仅拥有完善的电子商务产业链和优良的营商环境，还积极推进现代服务业的发展，加快建设现代服务业标杆城市。因此，杭州的现代服务业价值创造得分领先于其他城市。相比之下，上海、广州、深圳的数字产业价值创造水平与北京、杭州存在较大差距，且增速较缓。这表明这些城市的现代服务业价值创造的发展空间较大，需要进一步加强政策引导和资金支持，推动数字产业的发展，提升现代服务业的价值创造能力。同时，还需要关注现代服务业的创新发展，提高服务质量和管理水平，以实现现代服务业的快速发展。

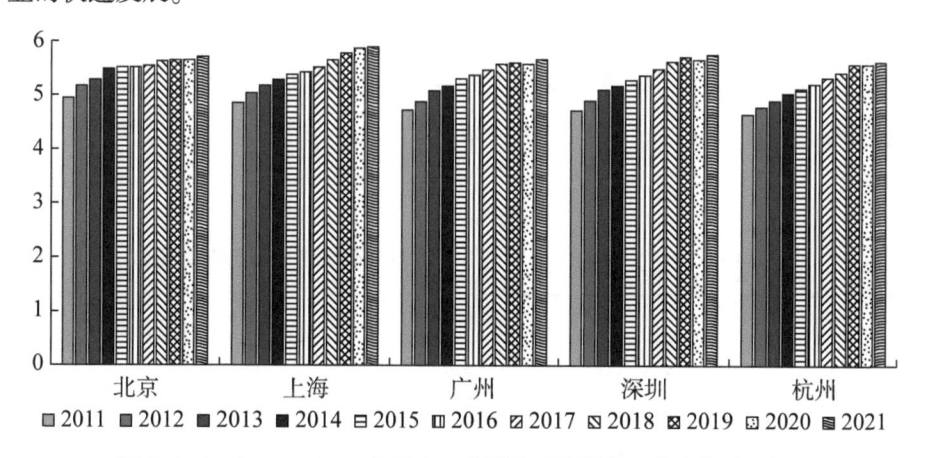

图 5-3-3 2011—2021 年国内 5 个城市现代服务业数字基础分指数

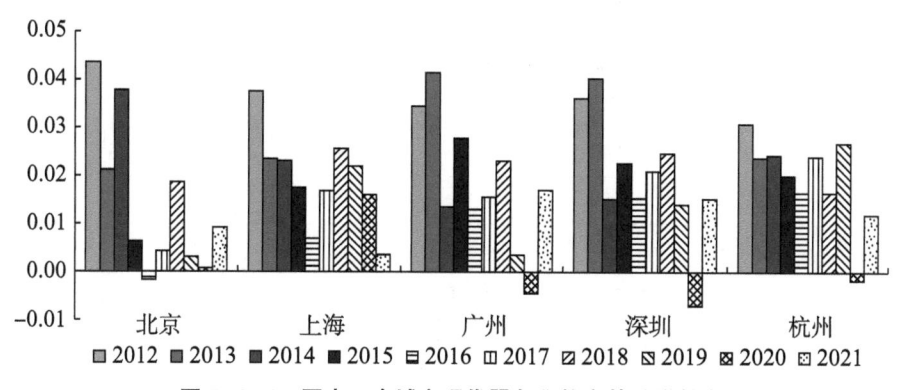

图 5-3-4 国内 5 个城市现代服务业数字基础增长率

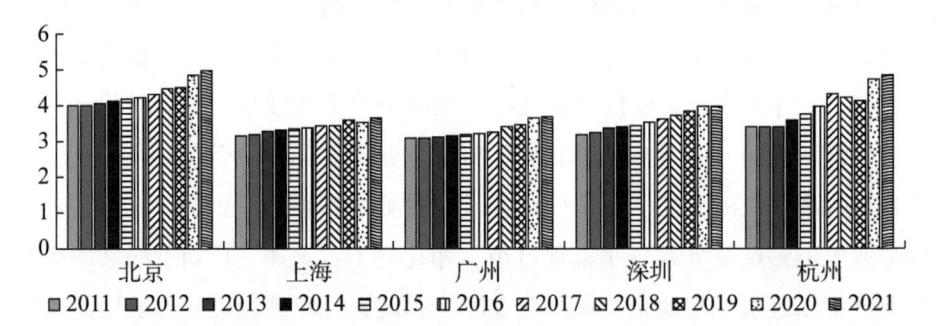

图 5-3-5　2011—2021 年国内 5 个城市现代服务业价值创造分指数

第四节　对外开放指数

本节将对我国 5 个城市的现代服务业对外开放发展情况做出具体的数据分析和描述，2011—2021 年我国主要城市现代服务业对外开放指数如表 5-4-1 所示。

表 5-4-1　2011—2021 年国内 5 个城市现代服务业对外开放指数

年份	城市	二级指标			对外开放	排名
		对外贸易	对外投资	利用外资		
2011	北京	4.14	5.41	4.71	19.44	2
	上海	4.71	4.91	5.60	20.06	1
	广州	5.24	4.49	3.78	18.45	3
	深圳	4.94	4.05	3.79	16.84	4
	杭州	4.47	3.79	3.99	16.20	5
2012	北京	4.19	5.21	4.55	19.12	2
	上海	4.71	4.95	5.60	20.08	1
	广州	5.34	4.49	3.84	18.64	3
	深圳	5.03	4.04	3.78	16.92	4
	杭州	4.46	3.79	4.21	16.45	5

续表

年份	城市	二级指标			对外开放	排名
		对外贸易	对外投资	利用外资		
2013	北京	4.18	5.58	4.58	19.47	2
	上海	4.71	4.48	5.59	19.55	1
	广州	5.48	4.44	3.82	18.86	3
	深圳	5.13	3.96	3.81	17.10	4
	杭州	4.51	3.87	4.29	16.66	5
2014	北京	4.21	5.58	4.70	19.58	2
	上海	4.71	4.61	5.60	19.60	1
	广州	5.41	4.33	3.78	18.69	3
	深圳	5.16	3.98	3.83	17.27	4
	杭州	4.52	3.81	4.26	16.60	5
2015	北京	4.33	5.21	4.68	19.28	2
	上海	4.71	5.10	5.58	20.07	1
	广州	5.44	4.20	4.01	18.92	3
	深圳	5.09	3.84	4.35	17.58	4
	杭州	4.52	3.88	3.86	16.33	5
2016	北京	4.44	5.32	3.91	18.70	3
	上海	4.71	5.14	5.60	20.14	1
	广州	5.37	4.32	4.43	18.71	2
	深圳	5.00	3.89	4.67	17.93	4
	杭州	4.51	3.94	4.24	16.80	5
2017	北京	4.36	5.13	5.34	19.81	2
	上海	4.94	5.14	5.33	20.10	1
	广州	5.42	4.33	4.00	18.34	3
	深圳	4.99	3.81	3.81	17.03	4
	杭州	4.52	4.02	3.89	16.63	5

续表

年份	城市	二级指标 对外贸易	对外投资	利用外资	对外开放	排名
2018	北京	4.45	5.01	5.29	19.74	2
	上海	4.92	5.16	5.60	20.37	1
	广州	5.47	4.38	3.77	18.26	3
	深圳	5.04	3.84	4.37	17.75	4
	杭州	4.56	4.08	4.38	17.25	5
2019	北京	4.44	5.48	5.43	20.35	1
	上海	4.92	5.18	5.54	20.33	2
	广州	5.43	4.38	3.78	18.21	3
	深圳	5.17	3.96	4.23	17.93	4
	杭州	4.59	4.05	4.35	16.94	5
2020	北京	4.62	5.06	5.17	19.71	2
	上海	4.56	5.16	5.60	20.00	1
	广州	5.60	4.46	4.22	18.93	3
	深圳	5.29	4.03	4.64	18.48	4
	杭州	4.60	4.08	3.78	16.47	5
2021	北京	4.15	5.22	4.85	19.03	2
	上海	4.93	5.20	5.59	20.40	1
	广州	5.44	4.42	4.19	18.68	3
	深圳	5.21	4.01	4.23	17.96	4
	杭州	4.62	4.07	3.79	16.55	5

第一，从对外开放总指标来看，2011年到2021年，北京和上海在5个城市中一直处于领先地位，除了2019年北京排名超过上海，上海服务业对外开放水平位列第一，整体水平高位浮动，平均而言，北京的对外开放指数情况略高于上海。而广州、深圳和杭州总体趋势大致相同，在11年间对外开放指数逐渐升高，但基本按顺序处于后三位，其中广州2016年冲进5个城市中的第二位。从政策实施的角度看，2015年5月5日，国务院批复同意北京市服

务业扩大开放综合试点总体方案。这使北京成为全国首个服务业扩大开放综合试点城市。自方案积极实施以来，到 2017 年 1 月，北京市服务业扩大开放综合试点已获批复的 141 项任务已经完成了 80.1%，这一数字显示了北京市对方案的积极推动和落实。同年，北京市还推出了新一轮的服务业扩大开放措施，进一步推动了服务业的发展。为了更好地推动服务业的开放，北京市还制定了服务业扩大开放示范点管理办法。通过选择一批示范区、示范园区、示范平台、示范单位进行培育，加快形成更多可视化的创新成果，为服务业的开放提供了有力的支持和保障。同时，北京市还积极挖掘试点成功经验和创新做法，结合各区产业特点，在全市适用区域推广。这种推广不仅有助于提升服务业的整体水平，也有助于推动各区的经济发展。自此以来，北京市的服务业对外开放程度取得了显著成效，为北京现代服务业的发展提供了坚实基础，让北京服务业对外开放水平在我国主要城市中处于领先地位。《北京市"十四五"时期现代服务业发展规划》中提出，现代服务业成为提升北京国际影响力的主窗口。获批国家服务业扩大开放综合示范区和中国（北京）自由贸易试验区，重点服务领域开放步伐加快，与国际先进规则相衔接的制度创新体系不断完善，助推北京现代服务业对外开放进一步提质升级。

第二，分别从三个二级指标看，结论如下。

首先，这 5 个城市的现代服务业对外贸易分指数得分在 2011 年至 2021 年间均有所波动。其中，广州和深圳的得分较高，上海和杭州的得分次之，而北京的得分相对较低。具体来看，北京的现代服务业对外贸易分指数得分在波动中呈现上升趋势，2020 年为最高值，2021 年有所下降后又呈现下降趋势。上海的现代服务业对外贸易分指数得分在 2011 年至 2016 年间较为稳定，但从 2017 年开始呈现出逐渐下降的趋势，2021 年有明显的上升。广州的现代服务业对外贸易分指数得分整体呈逐年上升态势，2014 年开始有所回落，但随后在 2015 年至 2021 年间呈现小幅波动，但总体相对稳定。深圳的现代服务业对外贸易分指数得分从 2011 年起稳步增长，在 2015 年至 2019 年间较为稳定，2020 年有较大的提升。

其次，从现代服务业对外投资的角度对比分析 5 个城市的投资状况和差异。北京、上海、广州、深圳和杭州的现代服务业对外投资指数得分在

2011—2021年都有所波动。从整体趋势来看，北京和上海的现代服务业对外投资指数得分相对较高，广州和深圳的得分居中，而杭州的得分相对较低。具体来看，北京的现代服务业对外投资指数得分在2014年达到最高值，之后开始下降；上海的得分在波动中呈现出逐渐增加的趋势；广州的得分从2011年起逐渐降低，在2015年达到最低点，之后逐渐上升；深圳的得分呈现小幅波动，整体变化不大；而杭州的得分则呈现出上升的趋势，增长幅度平稳。

最后，从现代服务业利用外资的角度考察我国主要贸易城市现代服务业对外开放水平。在现代服务业利用外资指数得分方面，北京和上海的得分相对较高，深圳和杭州的得分次之，而广州的得分相对较低。这表明在利用外资方面，北京和上海的现代服务业表现较为突出，而广州需要进一步提升其现代服务业的水平。图5-4-1显示了利用外资指数增长率的变动趋势，北京的增长率在5个城市中，波动幅度最大，其中2016年至2018年间先骤降后骤增，2016年之前在正增长态势下先增后降，2018年后基本保持平稳态势。上海的现代服务业利用外资指数增长率在2012年至2021年间波动幅度较大。广州的增长率在2012年至2016年间呈先下降后上升的趋势，随后先下降后上升并于2020年达到最大值，2021年则小幅下降。深圳的增长率在2013年后波动幅度明显，2011年、2016年、2018年和2020年为负增长，其余年份均为正增长，但是各年差异较大。杭州的增长率波动幅度在所有城市中最小，单就其城市自身而言，2013年后开始波动，且逐年波动幅度变大。

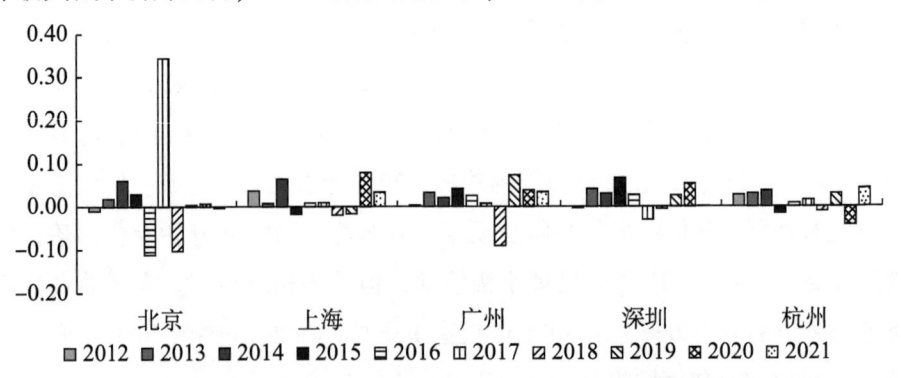

图 5-4-1　国内 5 个城市现代服务业利用外资指数增长率

专题篇　世界现代服务业发展领先城市的镜鉴

自2015年国务院批复北京市开展服务业扩大开放综合试点以来，北京市服务业产业规模日益扩大，结构持续优化，质量效益稳步提升，开放引资成效显著，新产业新业态持续涌现，综合实力不断增强，有力支撑了北京经济平稳健康发展。但是不可忽视的是，北京现代服务业较欧美国家起步晚，存在着"大而不强"、品牌化不足、开放程度和水平有待提高等问题。因此，需要总结国际性现代服务业发达城市的发展经验和教训，为北京现代服务业实现高质量发展提供经验借鉴。本篇我们选取国内外最具代表性的8个城市作为研究对象，分别为巴黎、纽约、伦敦、东京、新加坡、中国香港、上海和深圳，用以提炼其发展经验为北京提供借鉴。其中，巴黎作为全球化程度极高的城市，服务业对GDP的贡献度高，在金融服务、时尚产业、数字科技、国防等领域的发展领先世界。纽约在向现代服务业转型过程中，文化产业、创意产业和高科技发展发挥了重要作用。伦敦依托传统金融中心这一优势，逐渐发展起以专业服务、零售业、娱乐、教育等为核心的现代服务业。东京在文化创意、商务服务、现代物流等现代服务业领域具有明显的竞争优势。新加坡作为国际航运、金融、贸易和旅游会议中心，是重要的商业与创新中心之一，其现代服务业发展经验值得借鉴。近几年来，香港现代服务业繁荣发展，特别是在金融、物流、航运、旅游、商贸等领域具有显著竞争力。上海市现代服务业近年来处于蓬勃发展阶段，在金融业、信息技术、文化创意、咨询、科技研发等领域形成了多元化的产业布局，成为中国乃至全球重要的现代服务业中心之一。深圳作为改革开放的高地，其现代服务业在科技研发、信息技术、金融科技、文化创意领域不断突破，成为中国创新创业的重要枢纽之一。本篇在借鉴各具特色的国际化大城市现代服务业发展经验的基础上，为北京市在强化现代服务业发展优势、打造创新发展引擎、提高对外开放水平、构筑现代服务业发展城市群等方面提出政策性建议。

专题一　国外现代服务业发展领先城市的发展经验与思考

第六章　纽约现代服务业发展分析

纽约作为美国的经济和文化中心，其经济发展水平在全球始终处于领先地位，2021年发布的全球城市GDP榜单中，纽约位居榜首。纽约经济增长很大程度上依赖于服务业的发展。纽约服务业在经历产业转型的过程后，已逐渐向现代服务业发展靠拢，形成以高端服务业等为主导的产业结构且仍在继续优化发展。因此，为借鉴纽约服务业发展的有益经验，本报告从分析纽约服务业发展历程着手，梳理纽约服务业发展过程中与生产性服务业和高端服务业有关的文献，并从整体和空间结构视角总结分析纽约服务业发展现状，在此基础上总结归纳发展经验，为北京服务业高质量发展提出相关建议，以寻求新时代背景下服务业高质量发展的新路径。

第一节　引言

北京市作为全国首批服务业扩大开放综合试点城市，在经济发展的要求由高速发展转变为高质量发展、经济全球化加快、国际中心城市战略地位提高的背景下，推进北京服务业的高质量发展对于全国经济高质量发展具有重要意义。同时，纵观全球经济社会发展，世界产业结构早已呈现出工业型向服务型转型的总趋势，服务业已成为多数经济体的主导产业。其中，纽约市基于良好的区位优势和经济产业基础，通过一系列有利于服务业发展的政策，实现了产业结构由制造业主导型向服务业主导型的转型，并逐步成为世界经济中心，其高度专业化和网络化的服务部门更是纽约市有着独特生产优势的主要部门。为此，在当前世界百年未有之大变局加速演进，全球经济发展面临重要关口的背景下,借鉴纽约服务业发展经验,对推动北京服务业实现高质量、可持续发展有重要意义。

第二节 文献综述

(一) 纽约服务业发展对经济发展的影响

在全球范围,各大城市如北京、纽约、伦敦以及东京等,高端服务业正蓬勃发展。这一领域在推动产业内部结构变革、促进经济规模增长以及增强整体经济实力方面具有极其关键的作用(王江、魏晓欣,2014)。沙森(2000)认为高度专业化、网络化的服务部门,构筑了纽约、伦敦、东京等城市独特的生产优势。而夏翊等(2018)则指出,优势服务业的崛起,不仅巩固了城市的功能地位和国际地位,还使得纽约以专业商务服务为主导的产业结构,稳固了其在国际舞台上扮演"世界经济中心"的角色。王兰等(2015)的研究结果显示,众多从事跨国业务的高端生产性服务业在纽约市聚集,进一步加强了纽约市与其他全球城市的紧密联系,巩固了其在全球城市网络中的核心地位。同时,孙群郎和王乘鹏(2012)指出跨国公司总部的集聚以及生产性服务业的强劲增长,填补了纽约去工业化带来的经济下滑和城市衰退,从而巩固了纽约的全球城市地位,为该市的发展注入了新动力。郭岚等(2010)则认为,发展现代服务业并重点提升城市的服务能力,有助于为现代城市建设奠定坚实的产业基础。Eswaran 和 Kotwal(2002)认为现代服务业有助于促进城市要素、产品和信息的流动,成为产业关系中关键的"润滑剂"。Deardorff(2001)以及 Eschenbach 和 Hoekman(2006)研究发现,推进服务业开放不仅有利于服务和商品贸易的扩大,还可以促进转型国家的经济改革和发展。周冯琦(2003)指出,金融、保险、房地产尤其是商务服务业的发展,引领了纽约的经济增长。随着以专业服务为主导的现代服务业在纽约市集聚,该市建立了国际性的商务服务网络,为其在国家和全球层面上的地位奠定了基础。

（二）纽约生产性服务业聚集的影响因素

在全球经济逐渐向服务化转型的背景下，生产性服务业已经成为国际大都市的主导产业和增长引擎（Illeris，1989）。这一情境下，生产性服务业的空间聚集特征对全球城市的崛起、城市等级体系的重构以及城市内部空间的塑造产生了重要影响（Sassen，2001）。对于研究生产性服务业空间聚集影响因素的学者来说，例如Longcore & Rees（1996）和Leslie（1997）指出，随着信息技术的不断发展和行业分工的日益深化，诸如土地成本或租金的开支依然是导致低等级生产性服务业或高等级生产性服务业内部功能较弱部门以及小规模生产性服务业企业在郊区分散的主要原因。针对纽约这一国际金融中心的兴起，冯邦彦和彭薇（2012）认为，生产性服务业的集聚不仅依赖于灵活稳健的宏观经济环境和政治稳定的背景，还有赖于强大的人才储备等软实力的支持。同样，杨亚琴和王丹（2005）指出，地方政府的规划引导和政策支持在纽约等大城市的生产性服务业空间集聚中发挥重要作用。而车春鹂等（2010）表明，金融保险业的蓬勃发展、国际导向以及卓越的基础设施建设推动了法律服务业集群的迅速壮大。

（三）纽约服务业发展特点

为了推动北京服务业实现高质量、可持续发展和中国式现代化建设，国内学者总结了纽约市服务业发展特点，并以此提出了推动北京服务业发展的相关建议。卢涛（2012）提出加快中国现代服务业发展需要在发展先进制造业的同时发展现代服务业；大力促进各区县（市）错位发展；大力发展现代服务业集聚区；构建现代服务业发展的良好环境；开展公共教育、技能培训等建议。车春鹂等（2010）运用大量翔实的数据分析了纽约市法律服务业集群的现状和空间布局，指出纽约法律服务业呈现出空间分布高度集聚，以及分工细化、产业链完整的特点。周海成（2016）通过分析与研究国际性大都市纽约与伦敦的成长历程以及经验，提出建设科技创新与金融"双中心"的国际性大都市不仅对区域性城市竞争的发展有着极为重大的影响，还有助于推动国家整体经济的发展。车春鹂等（2010）指出纽约市金融保险服务业的快速发展、突出的国际指向性以及一流的办公环境促进了其法律服务业集群的形成，并以此提出了推动上海发展法律服务业的对策建议。田华泉和张祥建（2010）认为纽约市服务业集群发展具有业务规模大、专业化、国际化以及逐步向多点式方向发展的特点。综上所述，纽约产业转型与服务业发展的特征主要表现为重视创新驱动、推动城市服务功能融合以及高端服务业集群、重视人才教育培养以及基础设施建设等。为此，借鉴纽约服务业发展经验，并结合当前中国所处的发展阶段，北京市可以从坚持创新驱动发展战略、完善配套基础设施建设、推进生产性服务业集群发展、巩固制度和软环境建设、贯彻新发展理念等方面促进产业结构和经济转型升级。

第三节 美国纽约服务业发展现状分析

（一）美国服务业发展现状分析

自 20 世纪 80 年代开始，世界产业结构呈现出"工业型经济"向"服务型经济"转型的总趋势，服务业已成为多数经济体的主导产业。数据显示，2020 年，全球服务业的增加值占 GDP 的比例达到 60%左右。其中，发达国家的服务业增加值占 GDP 的比例稳定保持在 70%左右，像一些国际经济金融中心城市，比如纽约、伦敦、东京、新加坡等，则高达 80%左右；中等收入国家则保持稳步上升的趋势，服务业增加值占 GDP 的比例达到 60%左右，而低收入国家除也门外均达到了 30%以上。以中美为例，2000—2020 年，美国服务业增加值占 GDP 的比重稳定保持在 75%左右，并于 2020 年显著增长到 80.14%；而中国服务业增加值占比则从 2000 年的 39.79%增长到 2020 年的 54.46%，年平均增长率达 1.51%，保持着稳定增长趋势。虽然中美服务业占比差距一直在缩小，但仍存在 25.68%的差距（见图 6-3-1）。

从服务贸易来看，2020 年美国服务业出口额达到 7264.33 亿美元，进口额为 4665.37 亿美元，实现服务贸易顺差 2598.96 亿美元。其中，出口额占比最高的是金融服务贸易，出口额达 1510.33 亿美元，占服务贸易总出口额的

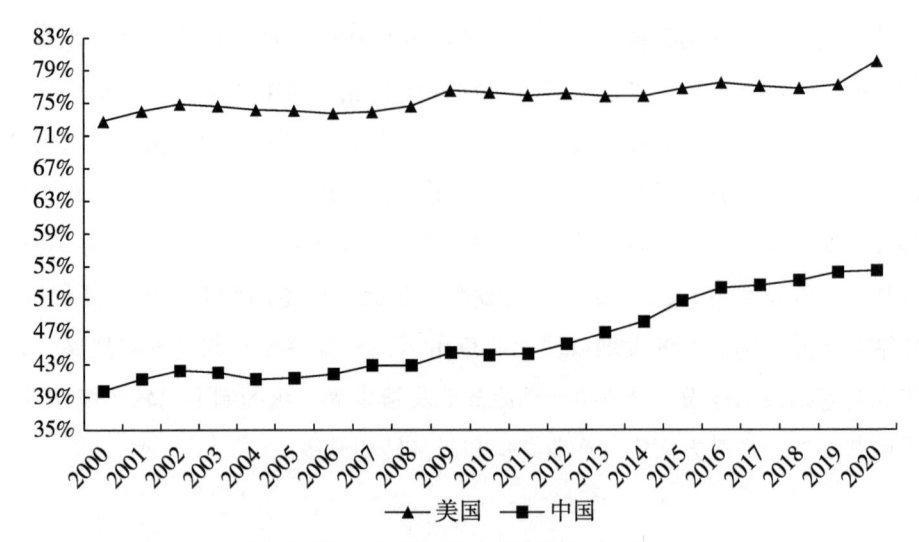

图 6-3-1　中美服务业增加值占 GDP 比重

数据来源：依据 Bureau of Ecomomic Analysis、国家统计局数据整理。

20.79%，其次是知识产权使用费，出口额达 1155.58 亿美元，占服务贸易总出口额的 15.91%。从进口额来看，占比最高的是美国交通运输服务业，进口额为 727.63 亿美元，其次是保险服务业。从贸易顺差方面看，金融服务业对美国服务贸易顺差的贡献最大，其次是知识产权使用费，分别实现贸易顺差 1057.19 亿美元和 678.5 亿美元（见表 6-3-1）。

表 6-3-1　2020 年美国服务业主要细分行业进出口贸易额

单位：亿美元

	出口额	进口额	贸易顺差（逆差）
总计	7264.33	4665.37	2598.96
维护和修复服务	131.96	62.03	69.93
交通运输服务	571.68	727.63	-155.95
旅游业	724.81	341.59	383.22
保险服务	202.77	576.73	-373.96
金融服务	1510.33	453.14	1057.19

续表

	出口额	进口额	贸易顺差（逆差）
知识产权使用费	1155.58	477.08	678.5
电信、计算机和信息服务	564.56	397.28	167.28
个人、文化和娱乐服务	208.20	243.25	-35.05
建筑服务	23.95	11.31	12.64
政府购买服务	220.03	245.53	-25.5
其他商务服务	1950.46	1129.79	820.67

数据来源：根据 Bureau of Ecomomic Analysis 数据整理。

（二）纽约服务业发展现状分析

作为美国的最大城市，纽约在金融、商业、贸易、文化和传媒领域的发展居于领先地位，并以服务业为主要产业。根据美国经济分析局的数据，自1986年以来，纽约市服务业占比逐步攀升，首次超过80%后增速减缓，到2005年占比超过90%，之后产业结构基本稳定。截至2019年，纽约的产业结构为0.17∶8.46∶91.37，尽管在2020年受新冠疫情影响服务业占比有所下降，但仍保持在接近90%的水平。具体而言，金融保险业占比为19.45%，房地产租赁业占比为13.52%，信息业占比为8.30%，专业和商务服务业占比为13.09%，批发和零售业占比为8.47%。随着纽约服务业的高质量发展，该市的就业机会也在不断扩大。2019年，纽约市的服务业吸纳了约95%的非农就业人口，其中专业和商务服务业、批发和零售业以及金融保险业分别占据第二、第三和第四位，比重分别为17%、11%和10.5%。专业和商务服务领域，如法律服务、广告服务、计算机系统服务以及会计税收服务等领域的就业增长持续迅猛。而自20世纪70年代以来，纽约曼哈顿地区的金融服务业和商务服务业就业人数一直占该类工作总数的80%以上。截至2001年，曼哈顿地区吸引了纽约市金融保险业就业岗位的91%，以及专业和技术服务就业岗位的89%。

第四节　纽约服务业发展历程与政策启示

（一）不同时代背景下纽约城市转型与服务业发展历程

纽约市基于良好的区位优势和经济产业基础，通过政策引导加快城市转型和服务业发展，逐步成为世界城市的典范。纵观纽约市产业转型和服务业发展历程，在不同的时代背景下，纽约市根据世界动态情况不断加快产业转型，进而推进社会、经济、文化全面发展，逐步发展为世界经济、贸易和金融中心。具体表现为以下三个阶段。

1. 以区位优势为基础的工业化

纽约地理位置得天独厚，位于大西洋和哈德逊河的汇合点，这为其发展商务服务业奠定了区位优势。滨海滨河的城市环境，加上先进的航运体系，为纽约成为国际港口城市和国际贸易中心提供了有利的条件。这一优势成为纽约迅速发展的关键起点，也为其后续产业转型和经济增长奠定了基础。纽约在区位优势的引领下，为了克服传统制造业衰退的问题，积极倡导技术创新，以促进部分制造业的技术升级，从而显著提升了多个产业的生产效率。这一举措在工业化进程中发挥了重要作用，通过政府政策和市场机制的双重驱动，推动制造业的调整和结构变革。重视企业技术创新、制订产业结构调整计划等措施，推动了传统制造业的升级和再造。纽约的政府政策和市场机制的协同作用，加速了制造业的转型和产业结构的升级。通过注重企业创新，纽约推动了技术和生产方式的变革，使得传统制造业得以提升。在这一过程中，企业技术创新的驱动发挥了关键作用，不仅加强了制造业的核心竞争力，还为其他产业链的增长提供了助力。

综上所述，纽约充分利用其区位优势，通过引领技术创新和产业结构调整，成功应对传统制造业的下滑。政府政策和市场机制的互动为纽约的产业转型提供了动力，实现了传统制造业的升级。这一经验不仅为纽约的发展道路注入了活力，也为其他城市在面对产业衰退时提供了有益的借鉴。

2. 后工业化时期制造业到服务业的转型

纽约在其区位优势的推动下，快速迈向工业化时代。尽管早期制造业的繁荣掩盖了服务业的潜力，但随着整体经济形势的上扬，华尔街开始涌现出股票、期货、证券等金融交易场所，逐步成为经济的中坚力量。在这个时代背景下，纽约抓住了历史机遇，积极推动金融业的发展，为其后的国际金融中心地位的确立奠定了坚实基础。

特别是在南北战争期间，北方政府为了筹措战争资金大量引入资本，导致华尔街金融业蓬勃发展，使纽约超越费城和芝加哥，成为美国的金融中心。在此过程中，纽约的国际金融地位仅次于伦敦。随后，两次世界大战对纽约产生了深远影响，尤其是二战后布雷顿森林体系的确立，确立了美元作为国际储备货币，进一步巩固了纽约作为国际金融中心的地位。这一阶段的发展，为纽约国际金融影响力的壮大打下了坚实基础。随着进入后工业化阶段，实体经济效率的提升，对于人力资本密集型服务业的需求增加，包括金融服务、企业管理服务、广告服务、计算机服务等。同时，教育、医疗卫生、文化艺术、旅游等领域也在短时间内蓬勃发展。纽约的产业结构调整得以推动，科技园区的建设极大地助力高新技术产业的发展，同时中心商务区的兴建也促进了生产性服务业的集聚。这一产业转型的过程为纽约创造了大量就业机会，提升了其在全球城市中的竞争力和吸引力。

综上所述，纽约通过充分利用区位优势和历史机遇，不仅崛起为国际金融中心，还成功实现了由制造业到服务业的产业转型。这一过程不仅为纽约的繁荣做出了贡献，也为其他城市在面对产业结构变革时提供了有益的经验。

3. 由传统服务业向现代服务业转型

"9·11"事件曾给纽约金融领域带来重创，从而唤起其对金融依赖模式的风险意识，迫使纽约转向多元化发展。2008年的国际金融危机更是强调产业多元化的迫切性，催促纽约向创新产业进行转型。在全球经济一体化的背景下，纽约在第二阶段的基础上，加速实现产业多元化，进一步优化产业结构。这一转变具体表现为纽约服务业向知识密集型、技术密集型的高端服务业的转型，充分体现了服务业的文化内涵和创意创新的理念。文化产业、创意产业和高科技产业的发展成为纽约城市转型的核心特征。纽约的服务业不再局限于传统范畴，而是朝着更具价值的知识密集型和技术密集型领域转型。纽约的文化产业、创意产业以及高科技产业逐步壮大，成为城市转型的重要支撑。经济的繁荣也推动了纽约市民对于享受、娱乐和休闲的需求增加，进一步促进了文化、娱乐和休闲产业的兴起。

（二）纽约服务业政策

综合上述对纽约市产业转型以及服务业发展历程的分析，我们总结了纽约服务业发展经验，具体如下。

1. 实施创新驱动发展战略指引发展

在创新驱动发展战略的引领下，纽约市明确了新的发展方向。纽约市以优势产业为基础，通过科技创新和产业创新，大力发展知识密集型和技术密集型的高端服务业。此举旨在实现产业多元化发展，摆脱对金融服务业的过度依赖。通过科技创新，纽约不仅加速了金融和商务服务领域的现代化，还培育了新兴领域的创新创业氛围。服务创新的推进则加强了纽约在全球商务舞台上的竞争力，为企业提供了更加灵活、高效的解决方案。金融创新战略的实施使得纽约的金融体系更具竞争力和适应性，有助于吸引更多的国际金融机构和投资者。

在这一创新驱动发展战略的推动下，纽约市不仅在金融领域保持了领先地位，还成功促进了其他领域的发展。文化创意产业的兴起不仅为城市带来了丰富的文化内涵，还为创意经济注入了活力。这种多领域的创新战略不仅为纽约的产业结构调整提供了新的路径，同时也推动了城市的可持续发展。纽约市通过持续的创新，不断适应着全球经济和社会的变化，成了一个多元而具有活力的国际都市。

2. 政策推动产业转型、引导产业集群发展和服务功能的融合

针对市场失灵带来的问题，纽约市政府以积极态度作出回应，采取了巧妙的财政政策来有效推动产业转型。政府实施了多项措施来支持产业的优化升级，包括制订产业结构调整复兴计划、加大产业研发投资、提供研发资金

以激励企业创新，并提高传统产业的竞争力。此外，还在政府采购、进口贸易、折旧政策以及提供信贷等方面提供资助，支持传统产业进行技术创新和结构升级。

在纽约市创新驱动发展战略的引领下，进一步促进了现代高端服务业的集群发展。20世纪50年代，纽约市政府为推动产业结构调整和服务业集群的形成，制定了一系列措施。这些措施包括增加研发资金，鼓励企业创新，提高传统产业的竞争力；采取抵减税收等方式鼓励私人投资，促进传统产业的结构调整。这些举措有效地促进了现代高端服务业的集群发展，提升了城市产业的技术含量和市场竞争力。纽约因此成为全球产业与经济发展的引领和典范，为城市的发展质量和国际影响力奠定了坚实的经济基础。

基于高端服务业集群的发展，纽约市还注重城市社会服务和生活质量等多方面功能的融合与共同发展。医疗健康服务业、教育服务业和金融服务业等各个服务领域的均衡发展，促进了城市服务功能的协调融合，满足了多样化的居民生活需求，进一步完善了城市的功能布局。这种综合性发展使得纽约不仅成为全球经济的重要支柱，也成为一个拥有完善生活基础设施和多元服务体系的宜居城市。

3. 推进硬件基础设施和软环境建设

纽约市为了推动城市转型和创造优越的营商环境，非常重视基础设施建设。第一，制订了曼哈顿南部规划，加大了硬件设施和娱乐文化等方面的建设，从而提升城市的吸引力和活力。第二，加强了通信网络、物流、交通、场馆等硬件基础设施的供给，促进了基础设施和相关产业之间的直接对接，实现了良好的产业互动。第三，致力于网络系统的建设，为金融服务业和专业商务服务业提供了安全高效的信息传输网络，从而提升了服务业的数字化水平。第四，完善了物流基础设施，通过引入自动化立体仓库、自动分拣系统、电子订货系统等设施，大幅提高了物流业的效率，助力城市物流业的发展和产业的升级。第五，积极促进产业集聚，强化交通和场馆等基础设施建设，为产业间的关联和人才交流提供了便利。

与基础设施建设相辅相成的是法律法规的软环境建设，这是纽约服务业发展的重要基础。美国政府制定了《贸易法》《综合贸易和竞争法》《出口保护法》《专利法》《专利改革法案》等多项综合性法规，也参与了《服务贸易总协定》《金融服务协议》等有助于服务业特别是生产性服务业出口的贸易谈判和协商机制。此外，纽约还颁布了《金融服务业现代化法》《电信法》等行业性法规，构建了完备且先进的法律法规体系。这些法规将服务业的发展规范化，为生产性服务业的发展提供了坚实的制度保障。这一法规体系的建立使得纽约的服务业在合法、规范的框架下发展，进一步提升了城市的竞争力和吸引力。

4. 促进人才高地建设

教育和人才引进是纽约城市转型的关键因素，为城市产业发展提供了巨大的智力支持。在转型过程中，文化教育产业扮演着基石角色，而政策吸引专业人才则成为产业升级的智力支撑和科技创新的推动力。健全教育体系是纽约城市转型的一项重要策略。在高校建设方面，纽约市政府投入巨资进行基础设施升级改造，如罗斯福岛校区的建设，与康奈尔大学和以色列理工学院的合作，为计算机科学、电子与计算机工程、信息科技等领域提供了专业学位教育。这不仅培养了高素质的专业人才，还为纽约市的技术创新和产业升级注入了新的活力。同时，纽约市政府还采取积极的举措吸引高技术复合型人才。例如"NYC Talent Draft"人才引进项目，以满足不同时间尺度下产业发展的需求。这种有针对性的人才引进政策，有助于纽约市吸引更多优秀的人才，推动了高端产业的发展。

纽约市在教育和人才引进方面的综合战略举措，不仅促进了产业的多元化和升级，也增强了城市的创新能力和竞争力。这些举措为纽约在全球城市竞争中保持领先地位打下了坚实的基础。

（三）对北京服务业发展的启示和政策建议

基于上述纽约服务业发展经验分析，本书将结合当前我国正处于新发展阶段的时代背景，依据北京在国内和国际上的政治、经济和文化地位，兼顾创新驱动、国际环境、绿色共享、政策协调等发展理念，就如何促进北京服务业实现高质量、可持续的发展，提出如下政策建议。

1. 坚持创新驱动发展战略，为服务业发展增添活力

借鉴纽约市产业转型与服务业发展的经验，北京市需要在战略层面坚持创新驱动发展战略，为服务业的发展增添活力。创新是北京服务业进行新一轮转型的基石，对优化资源配置、协调产业联动、提升经济效率有着重要意义。北京市应该兼顾新发展阶段的要求和产业转型发展的规律，通过政策鼓励金融创新、科技创新、商务服务创新，引导产业内进行科技创新成果的共享实现产业的集群发展。通过创新加速高端服务业的发展，包括金融、商务和科技研发等知识密集型产业，进一步推动北京的高端产业转型，占据未来经济的制高点，提升北京在建设世界级城市方面的国际地位，树立典范形象。

2. 推进人才高地建设，提升服务业从业人员素质

在百年未有之大变局背景下，北京市需要通过建设人才高地引领中国式的现代化。北京市不仅要通过创新驱动发展战略培养出能够将基础科研转化为应用技术和经济活力的企业，而且要大力推进人才高地建设，提高知识密集型服务业、人力资本密集型服务业和技术密集型服务业等高端服务业从业人员的素质。在人才引进方面，制定相对应的人才引进政策，把大量德才兼备的优秀人才吸引过来、凝聚起来，实现人尽其才、人尽其能，最大限度地发挥人才潜能。在人才培育方面，要充分挖掘人才的优势与技能，培育与服务业高端发展相适应的人才，基于北京市现有高校集群的特征，通过政策引导和财政补贴的方式支持高校相关学科的发展。

3. 完善配套基础设施建设，巩固制度和软环境建设

北京市应兼顾硬件基础设施建设和软件法律法规制度、行政管理政策建设，为产业转型和高端服务业发展创造良好的营商环境，为高端服务业的集群发展搭建桥梁。在法律法规制度确立上，出台完善的法律法规规范，特别是生产性服务业的贸易谈判、协商机制、标准与规范等。兼顾硬件基础设施建设与软件法律法规制度建设，提升北京对国内外投资的吸引力，从而带动高端生产性服务业的发展。

4. 加速构建生产性服务业集群区

促进生产性服务业的聚集是实现区域经济结构转型升级的重要策略，可通过外溢效应和集聚效应推动技术创新、绿色发展，降低生产成本，促进地区产业结构的更新。在这一背景下，一方面，北京市需要加速构建生产性服务业集聚区，着重于规模化发展和以创新科技为引导。这既需要关注产业规模的扩大，又需要强调生产性服务业的信息技术创新，以实现产业的持续发展。在已有产业集群基础上，北京市可采取措施推动生产性服务业的集约化发展。这可以借助已有的社会分工和成熟的市场环境，逐步形成具备低成本规模优势的生产性服务业集群。通过支持已有集群的发展，逐步形成规模化服务优势，从而引领整个产业集群的快速成长。另一方面，北京市可以注重创新科技和规模经济的结合，以推动产业的升级和转型。通过打造产业品牌、构建业务互联网络，将创新科技与产业紧密结合，形成具有全国影响力的集约型生产性服务业。在这个过程中，技术创新将为产业发展提供新的动力，同时规模经济也将推动生产成本的降低。

5. 鼓励文化创意，坚定文化自信

北京市应鼓励文化创意产业，坚定文化自信。随着元宇宙、人工智能、IP文化、知识付费、直播经济等一系列新概念的涌动，文化创意产业这一新兴服务业契合现行经济发展趋势，正崛起成为经济发展的新动能。北京市不仅要通过财政补贴方式支撑新兴文化创意服务业发展，而且要在产业政策上给予倾斜，通过制定相关激励政策、减税政策和引导政策等为文化创意产业创造良好的发展环境，引导金融服务业与文化创意服务业实现产业联动，完善知识产权制度保障文化创意产业发展。实现文化创意产业的蓬勃发展，坚定文化自信，向世界展示北京市的文化创意面貌。

第五节 总结

纽约服务业发展历程与其经济发展及产业转型历程紧密相关，主要经历了以区位优势为基础的工业化、后工业化时期制造业到服务业的产业转型和

传统服务业向现代服务业转型三个阶段，其产业转型与服务业发展的特征主要表现为重视创新驱动、推动城市服务功能融合以及高端服务业集群、重视人才教育培养以及基础设施建设等。当前，纽约已发展为世界金融和文化中心，其服务业具有与制造业相互促进、生产性服务业占比大、传统服务经济支撑下知识密集型服务业快速发展等特点。从纽约服务业发展经验来看，推动服务业现代化发展需要充分发挥政府战略引领作用，实施创新驱动发展战略指引发展，推动产业转型，引导产业集群发展和服务功能的融合，推进硬件基础设施和软环境建设促成人才高地建设。本章借鉴纽约服务业尤其是金融业发展经验，提出坚持创新驱动发展战略、推进人才高地建设、完善配套基础设施建设、加速构建生产性服务业集群区等建议，为促进北京服务业高质量发展提供参考和借鉴。

第七章 伦敦现代服务业发展分析

伦敦服务业发展迅速，拥有高度发达的服务业体系。其金融业发展取得突出成果，成为全球国际金融中心。此外，伦敦城市中心形成高度发达的服务业集群，推动城市功能升级和经济繁荣，使其保持领先的国际竞争力。为借鉴伦敦服务业尤其是金融业发展经验，推动北京服务业高质量发展，本章首先从伦敦各类服务业的发展情况以及伦敦各类服务业集群化发展模式这两个角度，对现有国内外文献进行梳理总结。其次，从服务业发展规模、空间分布以及服务业内部结构方面，分析伦敦服务业发展现状和特征。最后，借鉴其服务业尤其是金融业发展经验，为响应"十四五"规划、实现北京服务业高质量发展提出相应政策建议。

第一节 引言

自20世纪80年代起，随着经济全球化和信息化的发展，全球产业结构逐步由"工业型经济"转向"服务型经济"。全球服务业增长迅速，各国服务业增加值在本国 GDP 中的占比和服务业提供的就业数量一直稳步上升，服务业逐渐在经济中取得主导地位。世界银行数据显示，在过去三十年，英国服务业增加值占 GDP 的比重逐年提升，从1990年的68.58%增加至2020年的72.80%。此外，英国服务业发展为社会提供了大量的就业机会。2020年英国服务业提供的就业机会数量达2642万个，在英国整个行业中的就业占比为81.7%。

伦敦作为全球著名的国际化大都市，拥有高度发达的服务业体系。伦敦服务业增加值在伦敦总增加值中的占比在1998年达89.35%,于2020年增加至92.74%。伦敦服务业在当地经济发展中发挥着重要作用,服务业发展助推伦敦经济繁荣。伦敦服务业增加值占伦敦GDP的比重一直较高且呈现逐年增长趋势,从1998年的82.38%增加至2020年的86.55%。此外,2020年伦敦服务业提供的就业机会数量为426.3万个,在伦敦全行业中的就业占比高达89.9%。因此,服务业是伦敦的绝对支柱产业。随着城市的发展,基于其具有集聚经济和规模经济的特性,可以吸引各种经济要素不断向城市集聚,再加上服务业的支持,国际大都市的城市中心成为服务业的主要集聚地。伦敦商务区已经发展成为全球著名的银行总部以及金融和商务产业的集聚地,助推伦敦经济发展,使其保持领先的国际竞争力水平。

伦敦金融业发展迅速,对伦敦地区和英国经济发展具有重要的牵引作用。伦敦金融业增加值占伦敦服务业增加值的比重,由1998年的16.69%增加至2020年的20.31%。金融业增加值对伦敦地区GDP的贡献率于2020年达17.57%,相较于1998年增长了3.82%。2020年伦敦金融业吸纳的就业人口高达129.5万人,在伦敦总就业人口中的占比为30.37%。伦敦金融业对英国经济的发展也有一定贡献。伦敦金融业增加值在英国GDP中的比重在2020年达4.13%,相较于1998年增长了近两倍。此外,伦敦作为国际金融中心,能够吸引国际金融资源集聚并保持持续竞争力,成为重要的国际和国内金融交易聚集地,从而形成了规模极大的金融服务业集群。

北京市统计局数据显示,2022年北京服务业增加值达3.5万亿元,在GDP中的占比超过80%,高于全国平均水平,已经成为支撑首都经济社会发展的主要支柱。北京作为我国首都,聚集了最多的世界500强企业,资金规模在全球处于顶级水平。此外,作为全国金融政策管理中心,加上2021年9月成立的北京证券交易所,很大程度上增加了对全球资本的吸引力。同时,北京科创实力强大,拥有超过2万家高新技术企业,从而带来庞大的融资需求,金融实力后续还会继续提升。但是距离顶尖的国际大都市和国际金融中心还有一定的发展空间。北京可以借鉴伦敦服务业尤其是金融业的发展经验,寻找适合自身发展的机制和路径,实现北京服务业高质量发展。

第二节 文献综述

伦敦在全球城市综合竞争力排名中居于首位，其服务业的发展在国际大都市服务业发展中尤为突出，众多学者对伦敦服务业的发展进行分析和研究，主要有以下几个方面。

部分学者关注伦敦服务业发展的结构特征、发展规律或特点，为我国城市服务业的发展提供经验和借鉴。如熊世伟（2004）将上海和伦敦、纽约等国际大都市服务业发展进行比较，借鉴其发展经验，对上海服务业发展提出有关建议。陆萍和解彬（2022）从产业布局、资源禀赋以及产业发展环境三个方面，对纽约、伦敦和东京这三个国际一流城市推动服务业发展的经验做法进行总结梳理，为天津服务业发展和升级提供经验借鉴。

此外，随着经济全球化和信息化水平的提升，生产性服务业成为 21 世纪发展最快的行业，其增长潜力大，产业关联度高，对产业结构优化、价值链层级提升和整体经济竞争力水平的提高具有举足轻重的作用。部分学者关注伦敦生产性服务业集群化的演化过程、特征、发展模式和形成机理，为中国国际大都市生产性服务业集群发展提供经验借鉴（田华泉、张祥建，2010；周静，2015）。另外，虞卓然（2012）关注生产者服务业与经济增长的关系，发现伦敦的生产者服务业劳动生产率相对较高，生产者服务业技术外溢效应明显，分别通过直接和间接的方式影响经济增长。

随着信息技术和知识经济的发展，越来越多的学者将目光转向现代服务业发展。现代服务业是连接、融合城市经济的基础产业，是各产业关系的重要"润滑剂"。陈淑祥（2007）通过对比伦敦、纽约、北京、上海等国际国内区域中心城市现代服务业发展路径，认为伦敦是以金融和创意服务业为主。关长海（2007）侧重于分析城市现代服务业的竞争力，将北京现代服务业与国际大都市如伦敦、纽约等，与国内直辖市如天津、上海等进行比较，为北京现代服务业发展提出相应政策建议。杨亚琴和王丹（2005）通过对国际大都市现代服务业的集群化发展模式的比较，分析发现伦敦形成了高度发达的现代服务业集群，推动城市功能升级和经济繁荣。

伦敦是国际金融中心，主要依靠金融创新和保险技术创新以及金融相关产业的全球标准来维持金融中心的领先地位。对伦敦金融业以及金融服务业进行研究的文献众多。有学者关注金融服务业发展现状（Michie，2005；Daniel，2016）。张红、申红艳等（2021）通过梳理伦敦金融业发展现状，对伦敦金融业区域发展路径进行深入剖析，总结不同圈层金融业的发展特点、实现过程以及各类主体作用。

金融业是经济活动的中心，金融中心良好的金融和商务运营环境能够有效地吸引全国范围的银行、公司到此聚集，吸引巨额的资金流动，促使金融服务业集群的发展。鉴于伦敦金融服务业集群的发展具有深厚的历史底蕴和良好的外部条件，部分学者就此展开研究，如纳雷什·潘迪特等人（Pandit et al.，2001；Pandit et al.，2003）分析了英国金融服务业集聚的好处和动态效应。王朝阳和何德旭（2008）关注了英国金融服务业产业集群的发展模式，以及对我国国际金融中心发展的借鉴意义。

综上所述，伦敦作为国际大都市和国际金融中心，对伦敦服务业尤其是金融业和金融服务业进行研究的文献非常丰富。总体上可以分成两类：一类学者研究伦敦各类服务业的现状和发展历程，通过与其他国际大都市服务业进行比较，分析得出伦敦服务业发展规律和发展特点；另一类学者关注城市经济资源的集聚，研究伦敦各类服务业集群化发展模式。相关文献均为我国城市服务业高质量发展提供了借鉴经验和启示。

因此，我们鉴于现有文献，通过分析伦敦服务业发展现状，结合北京服务业发展情况，为北京服务业高质量发展提出相应政策建议。

第三节 伦敦服务业发展现状

（一）伦敦服务业特点

1. 伦敦服务业规模持续增长，是绝对支柱产业

伦敦服务业的规模整体呈现显著增长趋势（见图7-3-1）。伦敦服务业增加值从1998年的1600亿英镑增加至2019年的4448亿英镑,虽受新冠疫情影响,2020年伦敦服务业增加值相较于上一年有所下降,为4361亿英镑。但是相较于1998年,伦敦服务业增加值增长了1.73倍。

伦敦服务业对伦敦经济发展有突出贡献,是伦敦的绝对支柱产业。伦敦服务业增加值在伦敦总增加值中的比重较大且相对稳定,处于90%左右,呈现出一定的上升趋势。该比重从1998年的89.35%增加至2020年的92.74%,增幅较小,仅为3.39%。此外,伦敦服务业增加值对伦敦GDP的贡献率较高,呈现波动增长的态势。从1998年至2020年,伦敦服务业增加值占伦敦GDP的比重一直处于80%以上,并且在2020年达到最高占比,为86.55%(见图7-3-1)。

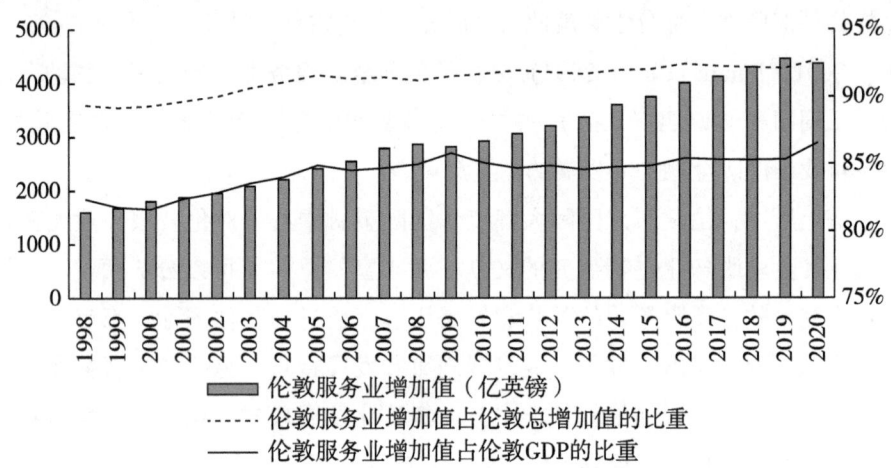

图7-3-1 1998—2020年伦敦服务业增加值以及在伦敦总增加值、伦敦GDP中的占比

数据来源:英国统计局(https://www.ons.gov.uk/)

伦敦服务业的发展为伦敦提供了大量的就业机会,服务业就业人数呈现显著增长趋势(见图7-3-2)。2004年至2020年,伦敦服务业就业人数从299.4万人增加至426.3万人,增长了1.4倍。伦敦服务业提供的就业数量在全行业中的占比呈现波动上升趋势,从2004年的85.6%增加至2020年的89.9%,增幅为4.3%。

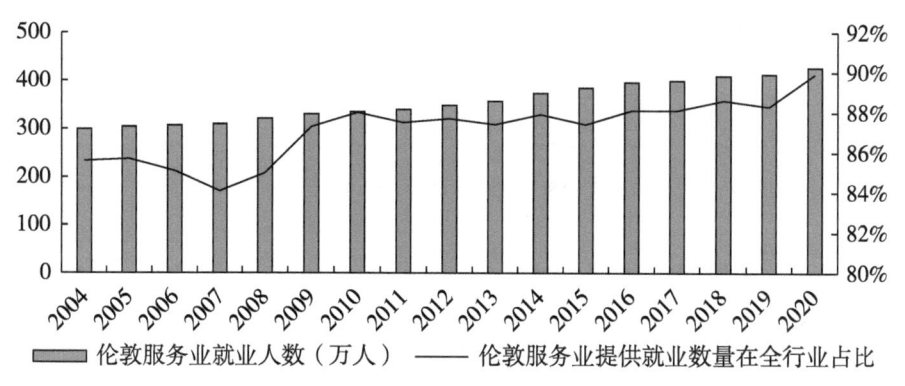

图 7-3-2 伦敦服务业就业人数及其在全行业占比

数据来源：伦敦市统计局（https：//data.london.gov.uk）

2. 伦敦服务业空间分布呈多点化、网络化特点

伦敦服务业在伦敦各区均有分布，以多中心、网络化布局为主要特征。2020 年，伦敦城（City of London）的服务业增加值高达 837.46 亿英镑，位居第一；威斯敏斯特（Westminster）排名第二，服务业增加值为 688.47 亿英镑；陶尔哈姆莱茨（Tower Hamlets）位列第三，服务业增加值达 358.5 亿英镑；刘易舍姆（Lewisham）、巴金-达格纳姆（Barking and Dagenham）地区的服务业增加值较低，分别为 36.51 亿英镑和 24.24 亿英镑（见表 7-3-1）。

表 7-3-1 2020 年伦敦各区服务业增加值及排名

单位：亿英镑

排名	地区	服务业增加值	排名	地区	服务业增加值	排名	地区	服务业增加值
1	伦敦城	837.46	12	克罗伊登	90.49	23	贝克斯利	48.67
2	威斯敏斯特	688.47	13	哈克尼	81.08	24	格林威治	46.12
3	陶尔哈姆莱茨	358.5	14	巴尼特	79.24	25	黑弗灵	45.07
4	卡姆登	296.62	15	伊灵	76.95	26	哈罗	44.32
5	萨瑟克	194.61	16	旺兹沃思	73.6	27	泰晤士河畔金斯顿	43.01
6	伊斯灵顿	191.72	17	布伦特	72	28	雷德布里奇	41.68

101

续表

排名	地区	服务业增加值	排名	地区	服务业增加值	排名	地区	服务业增加值
7	豪恩斯洛	146.43	18	布罗姆利	67.45	29	沃尔瑟姆福里斯特	37.86
8	兰贝斯	120.51	19	泰晤士河畔里士满	66.21	30	萨顿	36.78
9	希灵登	110.05	20	恩菲尔德	59.44	31	哈林盖	36.77
10	哈默史密斯-富勒姆	108.27	21	纽汉	54.37	32	刘易舍姆	36.51
11	肯辛顿-切尔西	97.48	22	默顿	49.24	33	巴金-达格纳姆	24.24

数据来源：伦敦市统计局（https://data.london.gov.uk）

但是伦敦各区服务业整体发展水平存在一定的差异。伦敦的行政区划包括伦敦城和周围的32个自治市。伦敦城又称为"伦敦金融城"。在32个地方行政区中，靠内的12个区加上伦敦城统称为内伦敦，靠外的20个区则被称为外伦敦。1998年至2020年内伦敦和外伦敦的服务业增加值均呈现增长趋势（见图7-3-3），但两个地区服务业增加值的差距随时间逐渐增大。内伦敦的服务业增加值增长较快，从1998年的1005.44亿英镑增至2020年的3130.95亿英镑，增长了3.1倍。相较于内伦敦，外伦敦服务业增加值发展较慢，2020年外伦敦该值为1230.27亿英镑，相较于1998年的594.88亿英镑，增长了2.1倍。

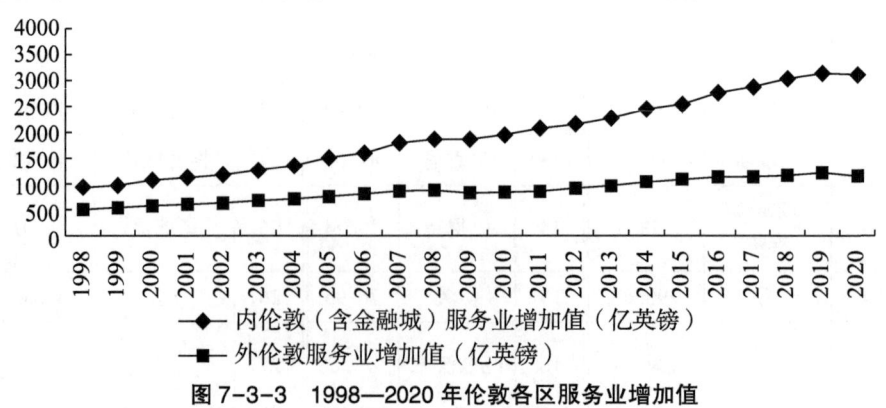

图7-3-3 1998—2020年伦敦各区服务业增加值

数据来源：伦敦市统计局（https://data.london.gov.uk）

此外，伦敦城和32个自治市在发展服务业细分行业时各有侧重，各细分行业的服务业增加值在伦敦位列首位的地区分布有所差异。如：威斯敏斯特在批发零售业、住宿和餐饮业、通信业、房地产业、公共行政和国防、艺术和娱乐、其他服务业方面发展较为突出。2020年威斯敏斯特上述各行业的增加值在伦敦地区均位居首位，通信业在2020年的增加值为108.93亿英镑，是威斯敏斯特增加值最多的服务业，房地产业和批发零售业紧随其后，增加值分别为75.19亿英镑、71.85亿英镑。

伦敦城则重点发展金融业、保险业、软件和信息技术服务业、行政和社会保障。2020年伦敦城金融业和保险业的增加值高达480.25亿英镑，在伦敦地区位列第一。伦敦城的软件和信息技术服务业的增加值为168.82亿英镑，行政和社会保障的增加值为51.74亿英镑，伦敦城这两个行业的增加值均排在伦敦各行业增加值的第一名。

卡姆登地区的教育业与人类健康和社会工作行业发展较好。2020年这两个行业的增加值分别为31.78亿英镑和27.06亿英镑，是伦敦细分服务业中增加值最高的地区。

此外，2020年交通运输和仓储业增加值最高的地区在伦敦豪恩斯洛区，该行业增加值达19.59亿英镑。伦敦家庭服务增加值最高达0.41亿英镑，主要集中在旺兹沃思区。

3. 伦敦服务业内部结构丰富，以金融业为主

伦敦服务业内部结构较丰富，包含14个细分行业（见表7-3-2）。相较于2010年，伦敦服务业各细分行业的增加值呈显著上升趋势。其中，人类健康和社会工作行业的增加值在近10年增长最快，从2010年的150.3亿英镑增至2020年的282.2亿英镑，增长率高达87.75%。房地产业和家庭服务的发展速度紧随其后，其增长率分别为78.27%和72.93%。公共行政、国防增长率为64.39%，软件和信息技术服务业增长率为61.00%，发展较快。金融业和通信业发展速度居中，其行业增加值的增长率均在45%左右。住宿和餐饮业、交通运输和仓储业已经相对成熟，发展较为稳定，其增长率均处于8%左右。

伦敦服务业内部结构以金融业、房地产业、软件和信息技术服务业以及通信业为主，其增加值在伦敦服务业增加值中占比较高，从2010年至2020年该占比一直处于60%左右。在2020年，这四个产业在伦敦服务业增加值中的占比达到最高，为61.31%。

表7-3-2 2010—2020年伦敦服务业各细分行业增加值

单位：亿英镑

行业	2010年	2011年	2012年	2013年	2014年	2015年	2016年	2017年	2018年	2019年	2020年
批发零售业	268.5	260.4	263.8	270.9	298.6	300.5	302.7	318.4	324.0	349.1	338.7
交通运输和仓储业	140.5	142.9	142.7	150.3	163.3	166.2	172.5	181.5	179.3	198.4	151.9
住宿和餐饮业	83.0	92.8	97.2	101.7	109.6	111.8	120.9	127.6	138.5	146.2	90.3
通信业	351.7	374.5	382.5	389.9	417.5	431.9	476.8	492.8	509.3	520.4	505.8
金融业	610.1	647.9	632.3	649.3	676.7	650.3	755.1	807.0	833.0	839.1	885.6
房地产业	388.5	406.1	481.8	520.2	580.1	641.5	664.4	628.6	680.1	691.9	692.6
软件和信息技术服务业	366.3	376.4	389.5	427.9	452.5	499.7	532.9	548.2	565.9	583.7	590.0
行政和社会保障	158.1	174.4	187.0	211.9	228.0	242.8	249.8	255.0	269.7	285.3	235.6
公共行政、国防	122.5	126.1	137.1	139.4	142.9	148.3	162.9	171.2	180.7	180.4	201.4
教育业	161.5	172.6	182.1	182.1	198.8	202.9	195.4	200.8	212.4	223.8	237.6
人类健康和社会工作	150.3	158.7	172.8	177.1	181.1	189.7	205.9	215.6	220.6	237.3	282.2
艺术和娱乐	58.1	63.2	63.4	69.4	74.5	81.9	86.0	91.8	98.3	106.6	80.2
其他服务业	55.2	56.1	57.7	61.4	64.1	64.4	68.5	71.1	74.7	76.1	62.3
家庭服务	4.1	4.5	4.8	5.1	6.2	6.8	8.5	8.7	9.2	9.6	7.1
合计	2919	3057	3195	3357	3594	3739	4002	4118	4296	4448	4361

数据来源：伦敦市统计局（https://data.london.gov.uk）

(二) 伦敦金融业是支柱产业

1. 伦敦金融业规模位居首位

伦敦是世界国际金融中心，形成了较大的金融业规模，金融业成为伦敦的支柱性产业。伦敦金融业增加值呈现显著增长趋势（见图7-3-4）。1998年至2020年，伦敦金融业增加值从267.1亿英镑增至885.6亿英镑，增长了2.32倍。伦敦金融业带动了伦敦经济的发展，推动伦敦城市变得更加繁荣。伦敦金融业增加值在伦敦GDP中的比重，从1998年的13.75%增加至2020年的17.57%，增幅达3.82%。伦敦金融业增加值占伦敦服务业增加值的比重从1998年的16.69%增加至2020年的20.31%，增长了3.62%。伦敦金融业发展对英国经济发展也有一定的贡献率。2020年伦敦金融业增加值占英国GDP的比重达4.13%，相较于1998年，该比重增加了1.42%。

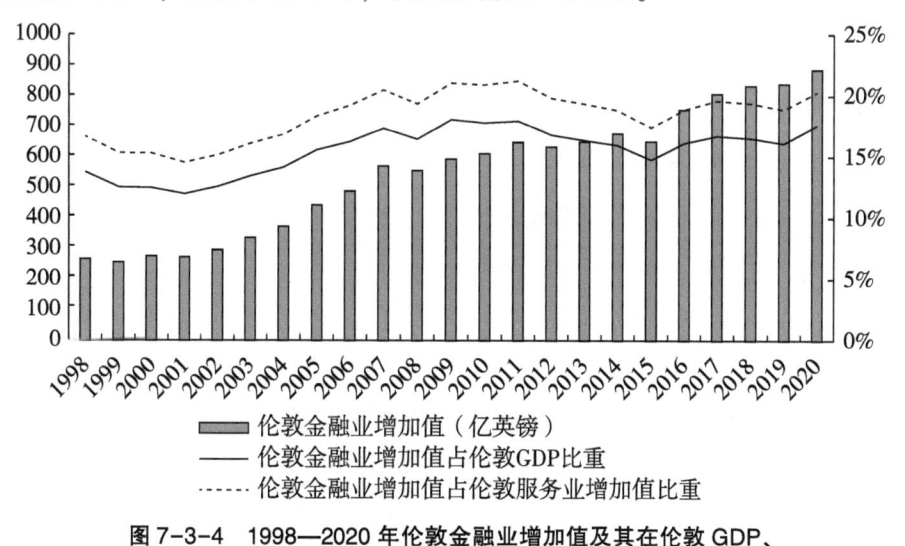

图7-3-4　1998—2020年伦敦金融业增加值及其在伦敦GDP、伦敦服务业增加值中的占比

数据来源：伦敦市统计局（https://data.london.gov.uk）

伦敦金融业发展突出，为社会提供的就业机会数量一直处于增长态势（见图7-3-5）。2004年，伦敦金融业就业人数为77万人，至2020年该行业就业人数达129.5万人，增长了1.68倍。伦敦金融业就业人数占伦敦服务业

就业人数的比重呈现波动上升趋势。从 2004 年的 25.71%增加至 2020 年的 30.37%，增幅为 4.66%。

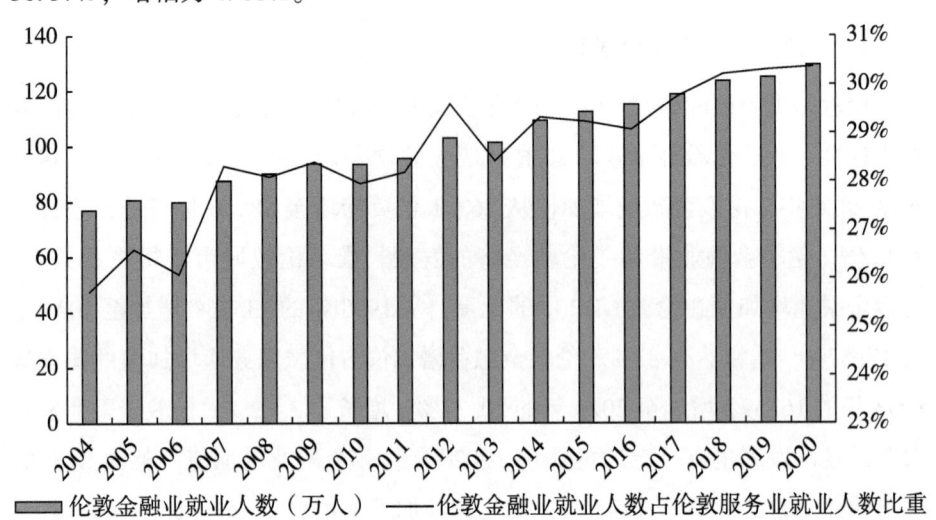

图 7-3-5　2004—2020 年伦敦金融业就业人数及其在伦敦服务业就业人数中占比

数据来源：伦敦市统计局（https://data.london.gov.uk）

2. 伦敦金融业集聚，内城、外城多点式发展

伦敦依托国际金融中心的地位优势，充分发挥金融资源配置能力，推动城市内城、外城的金融业实现多点式发展。

2020 年内伦敦金融业增加值高达 842.6 亿英镑，在伦敦金融业增加值中占 95.1%。其中，伦敦金融城是伦敦最大的金融中心，2020 年伦敦金融城的金融业增加值最高，达 480.3 亿英镑。陶尔哈姆莱茨的金融业增加值为 168.4 亿英镑，位居内伦敦第二。威斯敏斯特位列内伦敦第三，金融业增加值达 118.8 亿英镑。这三个地区金融业的发展在整个伦敦地区仍位列前茅。

外伦敦 22 个自治市的金融业增加值在 2020 年为 43 亿英镑，在伦敦金融业增加值中仅占 4.86%。外伦敦金融业最发达的地区是克罗伊登，2020 年金融业增加值为 12.2 亿英镑，在整个伦敦金融业发展排名第三，超过了内伦敦的威斯敏斯特地区。豪恩斯洛和布罗姆利地区的金融业在外伦敦金融业发展中排名较高，2020 年，这两个地区的金融业增加值分别为 7.8 亿英镑、5.3 亿英镑。总体而言，内伦敦金融业发展水平高于外伦敦。

3. 伦敦金融服务业集群规模极大

伦敦作为国际金融中心，能够吸引国际金融资源集聚，并保持持续竞争力，成为重要的国际和国内金融交易聚集地，从而形成了规模极大的金融服务业集群。

伦敦的银行数量在全球位居首位，外国银行数量超过 480 家，所拥有的资本总额也为全球城市之最。

伦敦是世界上最大的国际保险中心，2019 年伦敦有 140 多家经纪公司和 729 家保险公司。伦敦的保险业历史悠久，资金雄厚，信誉优良。凭借将近 40%的市场份额，伦敦市场在航空险中发挥着突出作用。

伦敦是世界上最大的国际外汇市场，2020 年 4 月，伦敦的外汇交易量占全球营业额的 38%，相较于 2019 年的 43%有所下降，但仍位列世界第一。

伦敦是全球最大的大宗商品交易市场和贵金属交易中心，从事黄金、白银、有色金属、羊毛、橡胶等贵重或大宗的世界性商品交易。2020 年伦敦市场的成交量达到 89 万盎司黄金，交易成交额 1750 亿美元创单日历史新高。

伦敦是全球重要的国际证券市场，伦敦证券交易所是全球四大交易所之一。2020 年伦敦证券交易所股权市场融资达 512 亿英镑，是欧洲最活跃的股权资本市场。2020 年伦敦证券交易所股票交易量创两项历史新高：日交易笔数于 3 月 12 日达历史新纪录 290 万；日交易金额于 11 月 27 日达历史新高，为 128 亿英镑。虽然新冠疫情以及相关信息引起市场大幅波动，但伦敦证券交易所稳健的交易基础设施为市场提供了确定性，使得市场在危机中仍持续有效运作。伦敦 ETP 的本上交易总金额为 1548 亿英镑，比 2019 年上涨 50%，日均交易额为 6.09 亿英镑。

伦敦是重要的金融衍生品交易中心。伦敦的利率衍生品营业额 2020 年仍为全球最高，达 2.6 万亿美元，占全球的 46%。

伦敦是著名的基金管理中心，2020 年英国基金管理公司的资产在 8 万亿英镑左右。受新冠疫情影响，相较于 2019 年底英国基金管理资产规模的 8.5 万亿英镑有所下降。

（三）伦敦房地产业波动增长

1998 年至 2020 年，伦敦房地产业的增加值整体呈波动上升趋势（见图 7-3-6）。该值从 1998 年的 218.38 亿英镑增加至 2020 年的 692.59 亿英镑，增长速度较快，年均增长率达 9.4%。伦敦房地产业增加值占伦敦服务业增加值比重和占伦敦 GDP 比重的发展趋势相似。1998 年至 2008 年这两个比重呈现上升趋势，但是受 2008 年全球金融危机的影响，伦敦房地产业增加值以及其占比均有所下降。从 2011 年伦敦房地产业的发展开始恢复上升趋势，房地产业增加值占伦敦服务业增加值和伦敦 GDP 的比重在 2015 年达到目前发展的最高占比，分别为 17.16% 和 14.56%。2017 年至 2020 年呈现小幅上升趋势。

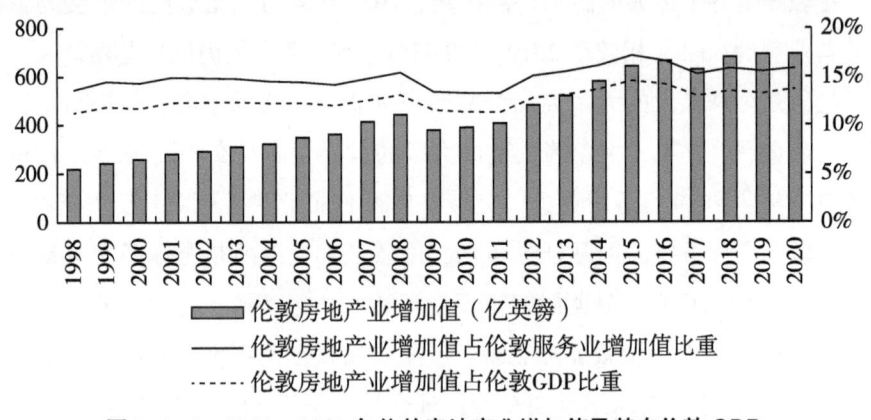

图 7-3-6　1998—2020 年伦敦房地产业增加值及其在伦敦 GDP、伦敦服务业增加值中的占比

数据来源：伦敦市统计局（https：//data.london.gov.uk）

（四）伦敦软件和信息技术服务业稳定发展

伦敦软件和信息技术服务业增加值呈现显著的增长趋势（见图 7-3-7）。1998 年至 2020 年，伦敦软件和信息技术服务业增加值从 173.44 亿英镑增加至 590 亿英镑，增长了 2.4 倍。此外，该行业增加值在伦敦服务业增加值中的比重在该时间段呈现小幅增长趋势，从 1998 年的 10.84% 增至 2020 年的 13.53%。2020 年该增加值在伦敦 GDP 中的占比为 11.71%，相较于 1998 年，

增长了 2.78%。

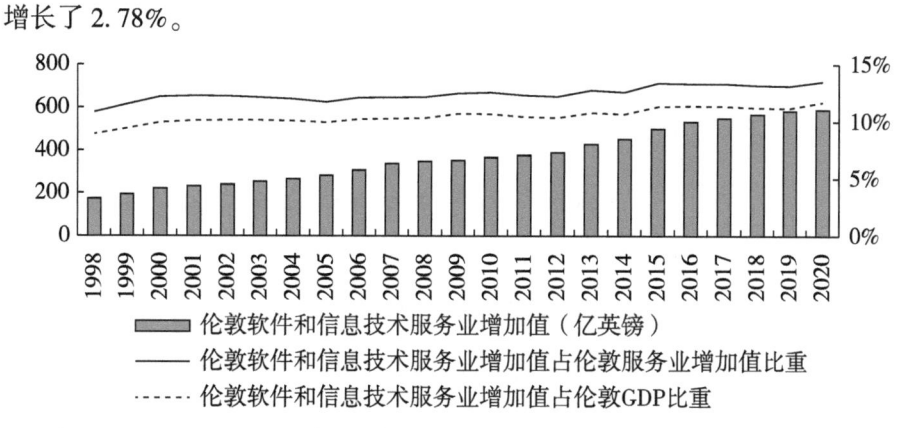

图 7-3-7　1998—2020 年伦敦软件和信息技术服务业增加值及其在伦敦 GDP、伦敦服务业增加值中的占比

数据来源：伦敦市统计局（https：//data.london.gov.uk）

（五）伦敦通信业发展放缓

伦敦通信业增加值在 1998 年至 2019 年呈现波动上升态势，如图 7-3-8 所示。该值在 2019 年最高，达 520.4 亿英镑，但是受新冠疫情的影响，2020 年该行业增加值下降至 505.75 亿英镑。随着现代服务业的发展，通信业增加值在伦敦服务业增加值中的比重从 1998 年的 12.59% 下降至 2020 年的 11.60%，降幅为 0.99%。通信业增加值在伦敦 GDP 中的比重一直处于 10% 左右，但是也有小幅下降趋势。该比重在 2020 年下降至 10.04%，相较于 1998 年，下降了 0.33%。

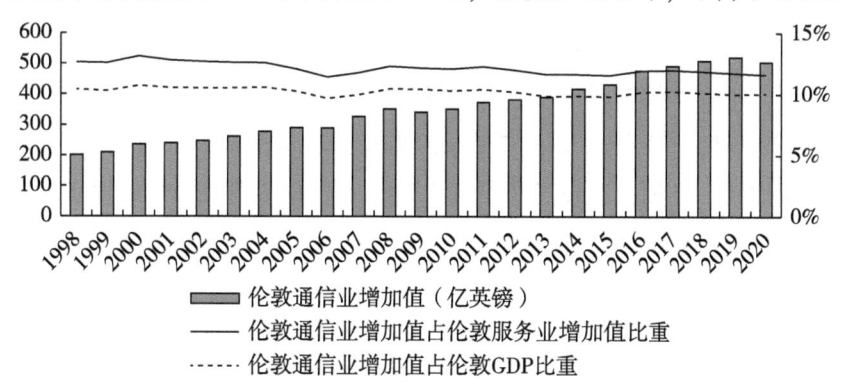

图 7-3-8　1998—2020 年伦敦通信业增加值及其在伦敦 GDP、伦敦服务业增加值中的占比

数据来源：伦敦市统计局（https：//data.london.gov.uk）

第四节　对北京服务业高质量发展的启示

《北京市"十四五"时期现代服务业发展规划》强调：到 2025 年，基本建成以首都功能为引领、具有国际竞争力的现代服务业体系，现代服务业在全市经济高质量发展中的主引擎作用更加显著，在全球服务网络中的资源配置力、市场辐射力、创新引领力不断提升，支撑北京成为国际一流的高能级服务枢纽。

因此，北京市可借鉴伦敦等国际大都市服务业发展的经验，尤其是伦敦金融业以及金融服务业的发展经验，结合"中国特色"，寻找适合自身发展的机制和路径，以实现"十四五"时期现代服务业发展目标。

（一）改善服务业发展环境

为了推动北京服务业高质量发展，需要提供良好的外部环境，即不断优化硬环境和软环境。首先，完善硬件设施，如交通、通信等基础设施的建设，从而提高产业的集聚和辐射能力。其次，制度软环境也是集群持续发展的重要依托。其中，政府提供的政策环境更为直接和关键，可以有效引导现代服务业企业集群发展。例如，政府可采用财政补贴、税收减免等政策，直接降低企业的实际成本。此外，也可以通过完善政府服务，如加强对服务业发展的统筹协调和绩效考核，提升政府在创新管理模式和服务机制等方面的服务水平，减少服务业创业成本和运营成本，优化服务业发展环境。最后，吸引与培养高素质的服务业从业人才也极为重要。北京市要加大对人才培养和引进的支持力度，在创业、住房和子女入学等方面为高端人才提供更多的方便。加强基础教育、职业教育和高等教育，积极打造全方位的人才体系。

（二）优化空间布局

借鉴伦敦服务业的空间结构特征，北京需充分利用区位优势布局相应服务产业，形成多中心、网络化的服务业集群布局模式，既加强集聚经济，明确产业分工，又重视组团建设，充分利用知识网络的溢出效应。

北京应围绕区域功能定位和城市规划，疏解非首都功能。注重在16个城区以"分散式集中"格局构建服务业增长极，不断完善交通网络，使得周边城市布局与首都高端服务业呈分工协作格局。此外，北京应结合构建高精尖经济结构的具体需求，加大金融业对产业升级、科技创新等重点领域的支持力度，实现经济全面发展。

随着京津冀协同发展持续深化，都市圈建设步伐加快，为现代服务业发展提供了广阔的市场空间。北京要充分利用科技创新中心的资源优势，推动金融科技创新并加强在区域内的推广应用，同时要充分发挥总部经济优势，通过建立分支机构以及区域业务扩展等方式加强对津冀辐射（张红、申红艳等，2021）。

（三）推动现代服务业高质量发展

现代服务业成为拉动全市经济增长的主引擎，是引领高质量发展的主力军，也是首都城市功能布局的主动力。北京证券交易所、国家实验室等国家重大功能布局，有助于提高北京现代服务业发展能级。以打造世界城市为目标的北京，要充分利用自身的科技、人才优势，针对服务业发展的关键技术及关键领域，集中力量进行技术攻关，构建"高精尖"产业结构，培育催生新兴业态，提升现代服务业的劳动生产率。

此外，注重服务业品牌建设，落实标准化战略。发挥龙头企业对品牌发展的主体作用，优先加大对自有专利、自有核心技术企业的支持力度，提高品牌科技含量。加快完善北京服务业的标准体系，开展服务质量提升行动，打造质量标杆企业；利用好京交会、设计周等活动平台，提升北京服务业的国际影响力。

北京可依托金融决策中心地位，结合国际交往中心建设，以自贸区和国家服务业扩大开放综合示范区建设为契机，进一步拓展金融对外开放格局，营造一流国际营商环境，吸引更多金融机构和企业，尤其是国际金融组织和外资机构及专业人才落户北京，提升北京在全球金融体系中的话语权和影响力。

第五节　总结

本章首先对研究伦敦服务业的国内外文献进行梳理。该领域研究成果丰硕，主要集中在两个方面：第一，分析伦敦各类服务业发展历程、发展现状、发展特点以及发展规律；第二，研究伦敦各类服务业集群化发展模式。均为我国服务业高质量发展提供相关政策建议。其次，通过分析伦敦服务业发展现状，发现伦敦服务业规模持续增长，是绝对支柱产业；伦敦服务业空间分布呈多点化、网络化特点；伦敦服务业内部结构丰富，以金融业为主。并重点分析了伦敦金融业发展规模、空间分布以及伦敦金融服务业产业集群。最后，为北京服务业高质量发展、实现"十四五"时期现代服务业发展目标，借鉴伦敦服务业尤其是金融业发展经验，提出相关政策建议。例如优化服务业发展环境，优化空间布局，推动现代服务业高质量发展。

第八章　东京现代服务业发展分析

东京作为日本的政治、经济和文化中心，是亚洲的主要城市，其经济发展水平在全球处于领先地位。在2021年发布的全球城市GDP榜单中，日本东京仅次于美国纽约，居于世界第二位。服务业为东京经济的发展作出了重要贡献，服务业占东京生产总值的比重超过了90%。东京服务业在经历产业转型的过程后，已逐渐向现代服务业发展靠拢。为借鉴东京现代服务业发展的有益经验，本章从梳理分析东京现代服务业发展现状着手，总结归纳其发展经验，为北京现代服务业高质量发展提出相关建议，以寻求新时代背景下北京现代服务业高质量发展的新路径。

第一节　引言

纵观世界城市发展历史，我们会发现，随着世界城市产业结构转型升级的步伐不断加快，服务业不仅逐渐成为主导产业，其内部结构也在不断优化发展，以适应新的全球经济环境和城市发展要求。在诸多世界城市中，东京现代服务业的发展水平在世界范围内稳居前列。在金融领域，东京作为日本最重要的国际以及国内金融中心，各金融机构总部大都坐落于此。日本最大的证券交易所东京证券交易所就位于东京，除此之外，日本各大银行的总行或主要分行也都分布在东京；在现代商贸服务领域，东京是日本最大的工业城市，超过90%的日企集中在东京；在现代物流领域，东京是日本重要的公路、铁路和航空运输的中心枢纽。而北京作为我国的首都，同样承载着政治中心、科技创新中心和国际交往中心等核心功能，与东京具有较为相似的经济发基础。实现服务业尤其是现代服务业高质量发展，对于北京带动地区发展、提升区域竞争力、适应经济开放发展"新常态"、调整经济结构、成为世界范围内领先的国际化大都市具有十分重要的战略意义。本章旨在通过对东京现代服务业发展现状的翔实分析，总结东京现代服务业发展的基本经验，为实现北京现代服务业高质量发展提供行之有效的政策建议。

第二节　文献综述

部分学者着重研究论述东京服务业发展历程。雷新军、春燕（2010）系统地阐述了东京产业结构转型历程。20世纪90年代日本经济受"泡沫"破裂的影响，经济出现长期衰退。日本政府为了实现经济增长，通过在金融、通信服务等行业部门实施制度改革的方式，降低金融等行业进入壁垒，以促进金融、信息服务和研发等各种专业服务业发展。邱伟年、隋广军（2012）指出东京具有金融与管理中心的四大功能：最大的政治中心、最大的工业中心、最大的商业中心和最大的交通中心。东京城市发展以金融业为纽带，服务业为主导，在发挥自身优势的基础上，学习并改进西方技术和制度，打造出符合自身发展优势的产品竞争力，进而形成服务业升级演化的独特产业发展道路。王兆宇（2015）通过梳理东京服务业发展历史，指出东京服务业发展与其自身城市产业结构转型升级具有紧密联系，伴随着东京产业结构转型的不断发展，东京已经形成以生产性服务业、高端服务业等为主导的行业结构，在空间结构上也逐步调整为多中心、网络化的布局。

目前，国内学者普遍认为生产性服务业是日本的主导产业之一。周静（2015）指出在经济结构中70%的GDP是由服务业创造的，而服务业中70%的GDP来源于生产性服务业。生产性服务业能够为国际化大都市圈中的城市和周边地区发展提供源源不断的推动力，而其之所以具有如此巨大的影响力，更多是因为生产性服务业能够借助全球网络，向所有可能的潜在客户提供服务。文章也指出，虽然不同城市的生产性服务业发展模式各不相同，但在当今全球经济一体化的发展背景下，不同城市的生产性服务业发展模式规律也会在不同程度上受到技术冲击的影响，使其增长趋势产生一系列改变，即生产性服务业会更加倾向于形成更为完整的产业链链条，并在此基础上逐步实现产业链的全球分布，嵌入链条的信息和知识技术服务将成为经济的新增长点。Hansen（1991）的研究结果也同样表明，从东京都市圈、纽约都市圈以及伦敦都市圈的例子来看，具有发达的生产性服务业是成为国际化都市圈必不可少的重要特点。

同样，国内学者普遍认为高端服务业和生产性服务业在日本产业结构中具有相同的地位，也是日本的主导产业之一。当前，国内学者和机构对高端服务业定义和其在经济发展中所发挥的作用进行了相关探讨，并且具有较为统一的看法。

高端服务业的定义方面，深圳市政府最早对高端服务业进行了官方定义，指出高端服务业具有高科技含量、高人力资本投入、高附加值、高开放度等特征。本质上，高端服务业是当前发展现代服务业的核心。原毅军、陈艳莹（2011）认为高端服务业是现代服务业的一个细分类别，相较于传统服务业外溢性较强，发展高端服务业的优势在于能够更好地提高地区整体的经济竞争力。李勇坚、夏杰长（2012）则认为高端服务业在控制地区战略资源方面具备极强的能力。

高端服务业在经济发展中所发挥的作用方面，洪涓、邓唯佳（2014）认为高端服务业本质是一系列高附加值服务的集合体，在为其他产业发展提供战略生产要素方面具有重要作用，并且对整体经济发展水平的提升也具有较强的带动和促进能力。王江、魏晓欣（2014）认为高端服务业在缓解资源约束、优化产业结构以及促进经济发展等方面具有极其特殊的优势。

第三节　东京现代服务业发展现状分析

对东京而言，服务业的蓬勃发展是其地区经济增长的主要动力，其服务业占地区生产总值的比重超过了90%。东京服务业发展的优势主要来源于两个方面，一方面，东京是日本的政治与文化中心，聚集了国内重要的政府部门、17%的国内高校和70%以上的研究机构；另一方面，东京也是日本的经济中心，该地区的生产性服务业以及高端服务业是促进东京经济发展的支柱产业。从2004年开始，日本的生产性服务业总值占地区生产总值的比重已远远超过27%，其中金融业和房地产业所占的比重已超过14%和13%。除此以外，金融保险业、商务服务业、软件和信息技术服务业、现代物流业、批发零售业和餐饮业等均在东京地区的产业结构中占有较大的比重。形成该产业结构的原因主要有四个：一是东京作为全球金融中心，集合了日本核心金融资源，有利于发展金融保险业务；二是因为东京经济发展水平较高，是日本主要的资本管理和商务运营枢纽，如2022年世界500强企业中有36家企业总部位于东京，占世界500强企业中日本企业数量的76.6%；三是东京集合了日本一流的软件和信息技术服务业企业，其中网络企业所占的比重最高；四是东京拥有发达的现代物流业，具有良好的交通基础设施网络，如新干线、航空港等，能够为东京发展服务业提供优良的物流服务基础。

（一）东京现代服务业行业结构分析

从生产性服务业内部来看，生产性服务业主要包括情报通信业，运输邮政业，批发零售业，金融保险业，物品租赁业，学术研究、专业和技术服务业，住宿餐饮业等。基于数据可得性，2012—2016年东京生产性服务业部分行业企业总数及从业者总人数如图8-3-1所示。

从东京现代服务业内部增加值占比来看，如图8-3-2所示，除批发零售业等生产性服务业以外，2017—2021年东京金融服务业、商务服务业和信息服务业增加值比重占现代服务业增加值比重接近40%。由此可见，在现代服务业发展结构中，除批发零售、住宿餐饮等生产性服务业外，金融服务、物品租赁、商务服务、信息服务业及学术研究、专业和技术服务业在现代服务业中具有较高占比。

对比来看，北京与东京具有相同的政治、经济优势基础，金融服务、信息技术服务和现代交通基础设施建设水平均处于全国领先地位。因此，东京现代服务业的行业结构能够为北京发展现代服务业重点行业提供现实参考和理论范式，大力发展金融服务业、商务服务业、信息服务业以及科学技术服务业等重点现代服务业对北京调整行业发展结构，明确行业发展重点，促进特色重点现代服务业发展具有重要意义。

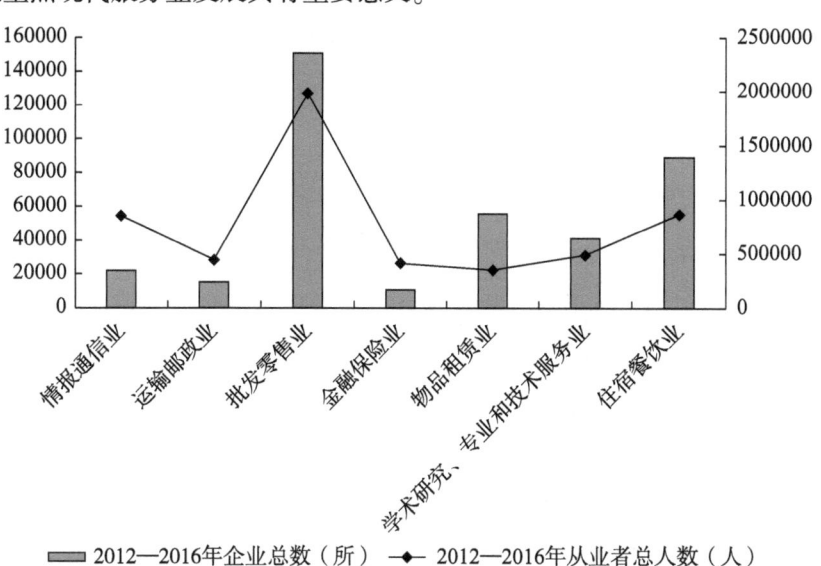

图 8-3-1 2012—2016 年东京生产性服务业企业总数与从业者总人数

数据来源：东京都《事业所、企业统计调查》

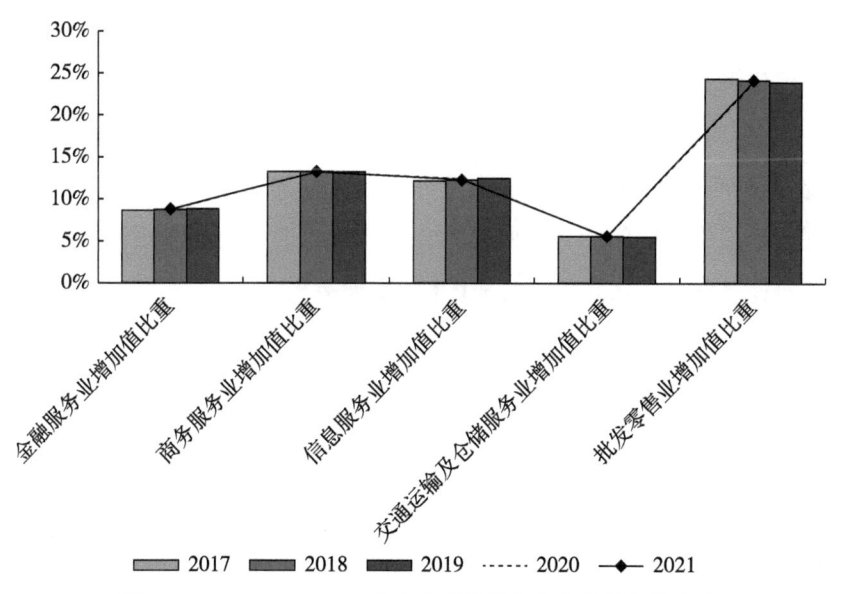

图 8-3-2 2017—2021 年东京现代服务业行业增加值占比

数据来源：东京统计年鉴

（二）东京现代服务业发展模式分析

以东京为中心的都市圈毋庸置疑是日本的政治、经济、文化和教育中心，在 2021 年公布的全球城市 GDP 20 强榜单中，东京以 GDP 66426 亿美元稳居全球第二，仅次于美国纽约。

在日本现代服务业发展过程中，除了具有良好的经济金融、商务服务发展基础等客观条件外，政府的领导和引导是十分关键且重要的，具有决定性作用。20 世纪中期，日本政府开始着手建立东京都市圈卫星城，这一先决条件为东京都市圈实现产业转型创造了良好的外部机会，也为发展现代服务业提供了坚实基础。同一时间，东京政府也开始逐步开展地区制造业外移的系列工作。20 世纪 70 年代末，日本政府正式提出由"贸易立国"转向"技术立国"的战略，注重提供与资本、知识等相关的服务。到 20 世纪 80 年代，东京都市圈成功完成产业结构转型的层层步骤，顺利实现了从以制造业为主导产业到以服务业为主导产业的战略转变。2000 年，为促进高新技术产业发展，日本政府先后出台了《信息技术国家基本战略草案》等一系列发展规划，将促进经济发展的主要着力点放在软件开发服务等信息服务业，以此作为实现东京现代服务业发展目标的主要手段和方式。

在东京都市圈现代服务业的发展过程中，政府出台的一系列产业政策和产业规划对加强地区资源吸引能力发挥了极为关键的作用，也对促进不同产业发展起到了决定性作用。由此可见，政府引导形成良好的现代服务业发展都市圈对促进城市现代服务业发展具有至关重要的作用。

第四节　对北京服务业高质量发展的政策建议

从增强城市区域竞争力的角度看，产业集聚所产生的"外部经济"和"内部经济"对于提升城市服务业发展水平具有不可替代的作用。通过产业集聚，实现了地区人才、资本和技术的集聚，并带来了一系列外溢效应，提升了城市自身以及周边地区的竞争力。我国自实行改革开放以来，经济始终保持快速增长的态势。自进入 21 世纪以来,我国工业化发展的步伐逐步加快,这为发展城市现代服务业提供了良好的发展基础。对北京而言,促进现代服务业增长也能为城市提升综合竞争力发挥极其重要的作用。高质量发展的现代服务业与城市所具有的经济基础、产业网络、人才集聚等良好基础条件密不可分,而且现代服务业对外部知识、信息技术等要素的依赖性更高,在经济全球化的时代背景下,现代服务业的高质量发展对全球市场也具有更大的依赖性。在此基础上,政府作为主导城市发展的关键角色,也需要以更高的站位和视角对城市产业结构发展转型进行规划与把控。综上,通过对东京现代服务业发展经验的梳理总结,本节对北京现代服务业发展提出以下建议。

(一) 建设京津冀都市经济圈,增强现代服务业辐射效应

发展态势良好的地区经济圈是一个世界城市的崛起基础。现代服务业具有高产业融合性的特点,这一特点造就了现代服务业对经济发展的拉动作用。因此,现代服务业与新兴技术产业具有紧密联系。高质量发展北京现代服务业的前提是要实现产业间的有效融合,借助产业融合向北京周边城市辐射发展高质量现代服务业,扩大现代服务业的服务范围,从而形成多地区产业集群合力,进一步形成能够辐射全国乃至全世界的强大产业竞争优势。将京津冀都市经济圈打造为我国高质量现代服务业发展的重要增长极之一。通过打造具有良好互动的经济圈,形成人才流、信息流、资本流等合理配置和自由流通的现代服务业发展网络。这种"构网络"的发展模式,不仅可以使经济圈内部的高端服务业之间形成一个统一良好的协同发展模式,还能够充分利用各个地区之间的资源。

因此,在全球经济融合发展的时代背景下,打造都市经济圈,扩大现代服务业的发展和辐射范围,对于更好地发挥现代服务业对经济增长的拉动作用具有重要意义。同时,都市经济圈的形成也有利于促进京津冀地区的产业优势互补,实现京津冀地区产业结构升级,进一步提高北京现代服务业的综合竞争力。

（二）明确产业发展重点，促进特色优势现代服务业发展

通过发展地区现代服务业进而带动世界城市建设的一个重要基础是明确地区产业发展重点，促进地区特色优势现代服务业进一步发展。就北京而言，首先北京作为我国主要的金融服务中心，在产业发展战略中应始终坚持将金融服务业作为城市重点发展产业，在都市圈中逐步建立起与市场开放相适应的一体化金融系统及有效的利益协调机制，在此基础上最终建成区域性的金融发展中心。其次，密集使用数据要素提供服务的信息服务业同样也应成为重点发展产业，进一步提高服务市场的对外开放水平，积极构建信息服务业相关软件产品的出口，促进贸易服务体系的完善（王江、王丹，2012）。与之相对应的，科技服务业主要依托新兴技术提供服务，应把产业发展的重点对内放在加强互动，对外放在扩大开放，通过内部和外部两个方面的联动发展引领并推动科技服务业和先进制造业在产业聚集园区集聚，实现科技服务业发展的规模效应。

具体而言，对于金融服务业，政府应鼓励金融机构对其他产业和企业给予扶持，扩大贷款规模，为企业参与国际竞争提供有利条件。鼓励金融机构在优先满足重点发展领域以及薄弱扶持领域的融资需求的前提下，尽可能满足中小微企业所提出的融资需求；同时，政府还应根据市场发展的实际情况制定行之有效且灵活弹性的监管政策，鼓励市场内部开展自由竞争，营造有利于健康发展的金融生态环境。

对于信息服务业，要创造有利于信息服务行业发展的社会经济环境，支持并促进行业内部结构升级，鼓励并支持行业内部从事经营性信息服务等一系列新型业务相关的企业进行更高层次的科技创新和发展，同时，还要强化企业和个人的信息安全和防范意识，实现信息服务行业内部的良性发展，进一步扩大行业发展规模，提升行业竞争力。

对于科技服务业，要继续支持并不断加大对科技服务行业的资金投入，保证科技服务机构的经费和资源能够满足其平均有效科研支出，实现对机构内部的科技研发等创新行为的有效支持；不断加强科技服务行业的技术与科研人才的基础队伍建设；加强科技园区的基础设施建设，使科技园区能够更

好地发挥其应有的孵化和科技引领作用;科学有效地引导新兴科研机构以及市场化新型技术研发组织的发展,最大限度地支持并鼓励科技机构研发的技术服务与市场实现有效接轨。

(三)提升政府规划决策能力,健全服务业发展制度环境

完善的外部环境是现代服务业实现良性发展的重要条件和坚实基础。政府合理有效地规划和扶持,对引导现代服务业产业集群快速成长具有不可替代的作用。促进现代服务业产业集群稳定发展需要两个必不可少的条件:一是应具备一定的良好外在形态作为产业发展的载体和平台;二是要有一套合理适宜的制度和政策为产业发展提供保障。其中,制度软环境是决定集群是否具有持续发展能力的关键,而由政府所引导发展的政策环境则具有更加直接的促进作用。具有产业发展导向的政策规定、专门的财政补贴和一定力度的政策优惠,都能有效地引导现代服务业产业集群实现稳定持续的发展(杨亚琴、王丹,2005)。通过对东京现代服务业发展过程和现状的梳理,可以看出政府在促进产业转型、实现服务业高质量发展的过程中有着巨大的作用。因此,政府要积极、适时、主动地实行产业结构调整政策,从而促进产业结构的优化升级,构筑科学、合理的产业链分工模式,以优化的城市职能分工促进区域共同发展。同时,也要着手建立起与全球经济接轨的监管制度,采用统一的规则和健全的体系,降低市场交易成本,提高生产效率。

第九章　新加坡现代服务业发展分析

新加坡在短短几十年里发展成为航运、金融、贸易和旅游会议中心，其服务业发展经验值得我国借鉴。本章以新加坡为研究对象，主要对新加坡服务业发展的经济基础、发展历程、发展特征及影响因素进行阐述，厘清了新加坡服务业的发展脉络，挖掘其服务业发展经验，为北京现代服务业发展提供思路。

第一节　引言

新加坡作为一个城市岛国，在缺少发展空间和自然资源的客观环境下，借助区位优势和政策优势，紧跟国际政治经济形势变化，大力发展工业，引进外资，发展贸易，打造优势产业，短短几十年实现了经济的迅猛飞跃，从一个小渔村一跃迈入世界发达国家行列。而今，新加坡以第三产业为经济发展核心，已成为屹立于东南亚的国际金融和商务服务中心。纵览新加坡的经济发展史，服务业充当着制造业转型升级的重要媒介，在其国家经济发展中占据着重要位置。与此同时，伴随着新加坡经济发展逐步繁荣，其服务业的发展也逐步走向成熟。可以说，新加坡服务业发展轨迹与其经济发展和产业转型历程紧密相关，其经济发展史既是产业现代化转型史，也是服务业现代化发展史。

第二节　文献综述

目前，学界主要从新加坡服务业发展历程、服务业发展现状及特征、服务业发展影响因素以及服务业发展经验四个维度对新加坡服务业展开研究。新加坡服务业发展历程方面，现有文献认为新加坡服务业发展与其整体经济发展历程和制造业转型升级过程密不可分，发展脉络十分清晰，大致可以分为三个时期，20世纪80年代中期以前是新加坡传统服务业发展成熟及现代服务业萌芽时期，20世纪80年代中后期至90年代中后期为现代服务业与制造业并重发展时期，而20世纪90年代中后期特别是新世纪以来是现代服务业的优先发展时期（Han，2005；郭建军，2012）。服务业发展现状及特征方面，现有文献认为新加坡服务业具有生产类服务业占比大、知识密集型服务业增长较快、传统服务业占比下降等特点（Chee，1997；Alvstam et al. 2017）。服务业发展影响因素方面，现有文献认为，新加坡服务业发展既拥有经济发展水平高、经济开放水平高、法治化水平高、多元语言文化等优势（Haley and Low，1998），也兼具国内市场狭小、高度依赖外部经济（Müller，1997）、本国货币地位与金融发展地位不匹配等劣势。服务业发展经验方面，现有文献较为一致地认为，新加坡现代服务业发展从萌芽走向成熟，离不开政府的战略引导、企业的积极参与、产业基础的有效支撑、内外优势的充分发挥、营商环境的优化建设以及高端人才的大力培养（Gurbaxani et al. 1990；Haley and Low，1998；Han，2005；周红等，2019）。

第三节　新加坡服务业发展的经济基础

（一）新加坡经济发展历程

1965年，新加坡独立之初，百废待兴，新加坡政府正确研判国内外发展形势，带领国家发展工业，新加坡从此迈入了工业化国家的行列，并实现了从初期劳动密集型产业，到资本、技术等高附加值密集型产业，再到信息技术等知识密集型产业的快速过渡和升级。图9-3-1展示了1965—2021年新加坡GDP总量和GDP增长率的变化趋势，可以看到，新加坡GDP从1965年的29.84亿美元上涨到2021年的5333.52亿美元，实现了经济飞跃，并一度出现超高速增长，1973年达到了增长峰值25.21%。2020年，受新冠疫情影响，新加坡GDP增长率为历年来最低值−6.99%，但随后新加坡经济恢复态势良好，GDP增速达11.95%。2021年，新加坡位列"全球城市可持续竞争力榜单"第二位，仅次于日本东京。

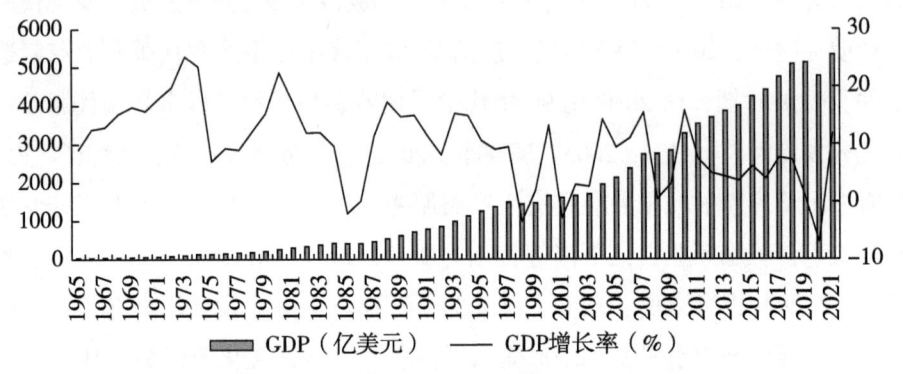

图9-3-1　1965—2021年新加坡GDP总量和GDP增长率的变化趋势

数据来源：根据新加坡统计局相关数据整理绘制

根据新加坡产业转型历程，可以将新加坡从独立至今的经济发展历程划分为五个阶段。这期间，新加坡的经济实现了飞跃，产业经历多次成功转型，服务业发展也逐渐走向成熟。

20世纪50年代末至60年代中期，新加坡独立之前，工业基础薄弱。这一阶段，新加坡鲜有外资进入，资金缺乏，工业生产仅能满足国内消费。新加坡依托自身港口的优势，重点发展以转口贸易为主的传统服务经济，而将工业和制造业摆在次要发展地位。

20世纪60年代中期至60年代末为新加坡工业化起步发展阶段。这一阶段，新加坡刚刚取得独立，社会就业需求远高于社会就业供给，劳动力成本低廉，新加坡借助这一要素优势大力发展出口导向型、劳动密集型制造业，成了当时世界的加工中心。同时，依托产业基础，新加坡鼓励发展投资创业的金融服务，产业结构从以转口贸易为主逐渐转向多元化发展形态。

20世纪60年代末至80年代中期为新加坡由劳动密集型产业向资本密集型产业的转型时期。这一阶段，新加坡工业经济得到了长足发展，就业机会增多，民众逐渐摆脱了以低廉劳动和转口贸易服务谋生的局面，生活水平日益提高，劳动力价格随之上升，传统的劳动密集型产业逐渐不再适应本国发展。加之国外资本的大量涌入，新加坡政府提出"自动化、机械化、电脑化"方针，逐步重视开发人力资源，以技术密集型投资代替低廉劳动成本，实现了劳动密集型产业向资本密集型产业的成功转型。同时，伴随着东南亚各国之间贸易联系日益紧密，新加坡转口贸易竞争加剧，转口贸易额大幅下降，传统服务经济发展受阻，不得不进行调整。新加坡抓住西方资本大量涌入发展中国家的国际机遇，力求转型，制定实施出口导向的工业化发展战略，重点发展造船、炼油和电子制造业，而将贸易、航运等传统服务业摆在次要地位，主要发挥服务制造业发展的作用。此外，为更好地服务制造业发展，提升服务效率，吸引更多外资进入，新加坡经济发展局把新加坡定位为一个可供企业迅速建立业务的营商地点，重视服务业产业升级和基础设施建设，培育了一批与区域服务业中心相匹配的服务业产业，传统服务经济开始向现代服务业转型，现代服务业开始萌芽。

20世纪80年代中后期至90年代末是新加坡经济发展的黄金时期，新加坡实现了由劳动密集型产业向资本、技术密集型产业的成功转型。这一时期，亚洲其他国家劳动密集型产业迅速发展，新加坡劳动密集型产业发展空间缩减，不得不寻找新的比较优势。随着20世纪80年代全球信息技术革命的迅速发展，新加坡加速发展高增值的资本、技术密集型新兴产业，大力投资基础设施建设，并于90年代大力推行"区域化发展战略"，加速海外投资，引进先进技术和专业管理人才。这一时期，新加坡电子制造业发展成为制造业龙头行业，新加坡也由此跻身于亚洲新兴工业国家之列。同时，在这一阶段，作为促进制造业转型的重要媒介，新加坡现代服务业特别是生产性服务业也得到了配套发展。新加坡提出"制造业和服务业双引擎发动"战略，优先发展物流、金融、商贸等现代服务业，大力推进高附加值的资本、技术密集型制造业向现代化服务业经济转型，新加坡也由此发展成为世界航运中心和国际金融中心。

进入 21 世纪以来，全球经济增速放缓，新加坡开始集中发展知识密集型产业。这一时期，全球经济出现动荡，亚洲大国逐渐崛起，新加坡的经济发展面临新的外部考验，GDP 一度出现了负增长。为刺激经济发展，新加坡紧跟全球经济变化新趋势，开始大力发展知识密集型产业，加强对生物医学、信息技术等产业的基础研究，努力向知识经济转型。同时，这一阶段，新加坡确立重点发展现代服务业经济战略，明确成为国际化大都市的发展目标，着力打造若干服务业区域中心。为此，新加坡依托产业优势提升服务业产业层次，打造知识密集型现代服务业体系。一方面加快贸易、物流、旅游等传统服务业的知识化、信息化改造，另一方面依托本国语言优势发展教育、健康、法律、金融等新兴服务业，大力促进本国现代服务业发展。有赖于批发零售、商务服务、金融服务、交通通信四大服务业的发展，新加坡生产性服务业发展达到新高度，生活性服务业也得到了发展，新加坡一跃成为世界航运、金融、贸易和旅游会议中心。

（二）新加坡经济发展的主要特征

1. 新加坡以第二、三产业发展为主，第一产业占比极低

受自然禀赋限制，新加坡产业结构极不均衡。新加坡国土面积小，农业可耕地面积只有 5900 公顷，占国土面积的 9.5%，农产品无法自给，只能依靠大量进口，第一产业占比仅占国民经济的 1% 左右。而第二、三产业经历了持续的结构调整，占比逐渐趋向合理。图 9-3-2 展示了 1960—2021 年新加坡第二、三产业 GDP 占总 GDP 比重的变化趋势，可以看到，第二产业 GDP 占比在新加坡经济发展的前三个阶段一直呈逐年上升的趋势，在第四阶段出现下降，并稳定在 24%~33%。与之相对，第三产业 GDP 占比则在新加坡经济发展的前三个阶段呈现下降趋势，而在第四阶段新加坡确立制造业和服务业双引擎发展战略后出现大幅上升，并在 2020 年达到峰值 65.90%。

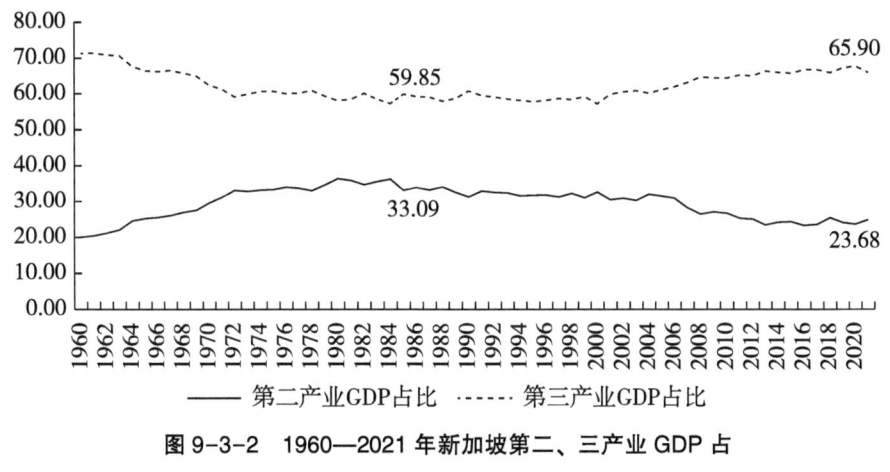

图 9-3-2　1960—2021 年新加坡第二、三产业 GDP 占总 GDP 比重变化趋势（单位:%）

数据来源：根据新加坡统计局相关数据整理绘制

2. 新加坡为外贸驱动型经济

新加坡属外贸驱动型经济，对外贸易在其国民经济中占据重要地位。作为亚太地区最大的转口港，新加坡港同时也是世界最大的集装箱港口之一。新加坡位于世界重要的国际贸易港马六甲海峡东端，形成了世界交通枢纽新加坡港。有赖于优越的海港条件和开放的贸易政策，新加坡的进出口贸易得到了充分发展。2021 年，新加坡外贸总额为 6686.69 亿美元，约为 GDP 的 1.25 倍。随着本国产业不断转型升级，新加坡的外贸发展经历了从初期的以转口贸易为主，到大力推动本国出口贸易，再到发展高附加值出口贸易这一不断更新迭代的过程。新加坡贸易伙伴遍布全球 160 多个国家和地区，主要贸易伙伴为中国、美国、日本、欧洲国家等。其中，中国与新加坡的贸易伙伴关系尤为密切，2013 年至 2019 年的 7 年间，中国均是新加坡最大的贸易伙伴，新加坡也连续多年是中国第一大新增投资来源国。

3. 电子、石油化工、物流、生物制药、金融、旅游业为新加坡主导产业

新加坡依据自身禀赋优势，形成了以物流、电子、石油化工、生物制药、金融、旅游业为主导的产业发展模式。其中，电子产业是新加坡的支柱产业，主要产品包括半导体、计算机外部设备、数据存储设备、电信及电子消费产

品等。据统计，2021年电子产业总产出1604.03亿美元，占制造业总产出的41.6%；电子产业增加值458.53亿美元，占制造业总增加值的40.7%；且电子产业出口占新加坡非石油出口的一半以上。石油化工业也是新加坡的支柱产业之一，20世纪90年代西方五大石油公司对新加坡的投资使其成为世界第三大炼油中心。据统计，2021年石油化工业总产出为923.9亿美元，占制造业总产出的23.96%；石油化工业增加值187.52亿美元，占制造业总增加值的16.64%。同时，凭借新加坡港的区位优势，新加坡成为亚太物流中心之一，物流业发展迅速。2021年，物流业国内生产总值达307.1亿美元，占总GDP的5.76%。生物制药业是新加坡的新兴产业，同时也是新加坡制造业四大支柱之一。目前，新加坡已成为亚洲的药品制剂生产中心。2021年，生物制药业总产出363.95亿美元，占制造业总产出的9.44%；生物制造业增加值为165.52亿美元，占制造业总增加值的14.69%。金融业是推动新加坡经济的主要支柱点，2021年，金融业生产总值为737.47亿美元，占新加坡GDP总值的13.83%。旅游业也为新加坡国民经济作出了很大贡献。目前，新加坡已成为世界旅游业最发达的城市之一，2021年9月单月新加坡接待国际游客数就将近78万人次。

4. 政府企业和跨国公司为新加坡经济发展的主体

支撑新加坡经济发展的两大主体分别为政府企业和跨国公司。政府企业主要以政府全额投资、绝对控股、相对控股和直接经营、派政府官员管理等形式掌控，如新加坡电信公司、新加坡航空公司等。同时，新加坡也充分发挥自身地理位置优势，采取积极政策招商引资，有针对性地吸引大型跨国企业到新加坡投资、设立公司以及设置研发中心。截至2021年，新加坡拥有外资企业将近6万家，外资企业就业份额为33%，名义增加值占企业总增加值的67%。

第四节 新加坡服务业发展现状与特征

（一）新加坡服务业发展现状

服务业是新加坡国民经济的重要组成部分，服务业经济是新加坡经济的主体。从图 9-3-2 可以看出，新加坡服务业占比自 1960 年至 2021 年一直高于 50%。2021 年新加坡生产总值达到 3514.67 亿美元，占 GDP 比重为 65.9%；服务业增加值也呈现逐年上升趋势，2021 年占总增加值的份额达 69.8%。图 9-4-1 对比了 1965 年和 2021 年新加坡服务业各细分行业生产总值占服务业生产总值的比重，可以看到，1965 年和 2021 年新加坡批发与零售业的发展均最为突出。据统计，2021 年，新加坡批发与零售业生产总值为 970.84 亿美元，占服务业生产总值比重最高，达 27.62%。

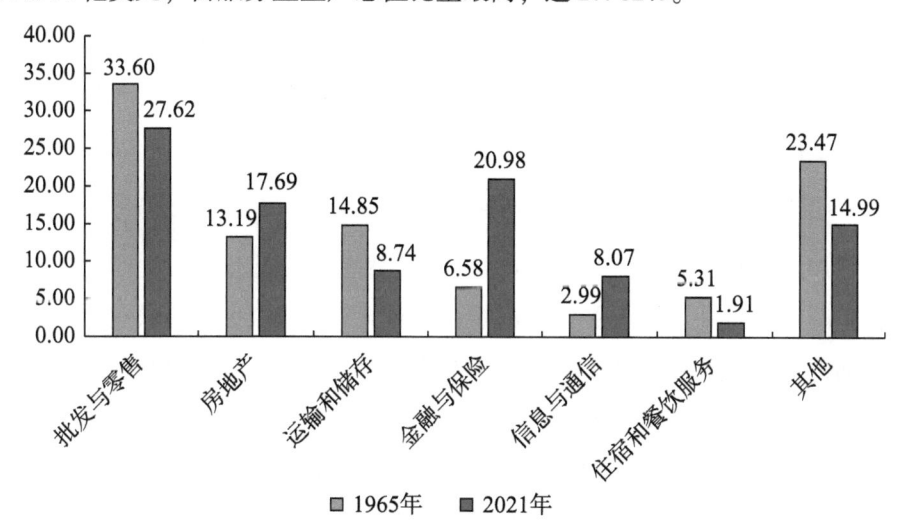

图 9-4-1　1965 年和 2021 年新加坡服务业各细分行业生产总值占服务业生产总值比重

数据来源：根据新加坡统计局相关数据整理绘制

（二）新加坡服务业发展特征

1. 服务业发展与制造业发展相辅相成，互相促进

新加坡服务业发展具有与制造业发展相互促进的特点。从图 9-3-2 可以看出，新加坡服务业发展与制造业发展呈现出共同进步的趋势。20 世纪 80 年代之前，新加坡服务业主要以传统服务经济为主，这一时期，新加坡制造业主要以出口导向工业产业为主，为新加坡发展物流、贸易等传统服务经济提供了坚实的产业基础。20 世纪 80 年代中后期，为了与制造业向资本、技术密集型产业转型相适应，新加坡开始建设一大批现代服务业配套设施和产业，这一时期的基础设施和产业建设为后期新加坡现代服务经济的发展打下了基础。20 世纪 80 年代末，基于制造业成功转型以及全球范围内服务经济的发展，新加坡提出"制造业和服务业双引擎发动"战略，制造业的发展和服务业的发展齐头并进，互相补充。21 世纪以来，新加坡把握全球经济新动态，一方面发展高端知识和信息技术产业，另一方面促进制造业向现代服务业融合升级，试图充分发挥制造业和服务业合力优势，打造具有国际竞争力的知识密集型产业。

2. 生产性服务业占比大，生活性服务业占比小

新加坡生产性服务业占比较大，生活性服务业占比较小。生产性服务业是指中间投入的服务业，主要服务对象为市场生产者；生活性服务业则一般是面向消费者，满足消费者终端需求的服务业。生产性服务业有助于制造业生产，能够帮助企业提高生产效率和竞争力，激发实体经济发展活力，是国民经济的基础性支柱产业。图 9-4-2 展示了新加坡 1960—2021 年生产性服务业和生活性服务业生产总值占服务业生产总值比重的变化趋势，可以看到，这一期间，新加坡生产性服务业占比从 1960 年的 73.2% 发展为 2021 年的 83.1%，呈现稳定上升趋势，并在 2007 年到达峰值。与之相对，生活性服务业占比呈现稳定下降的趋势，2021 年下降至最低值 1.91%。

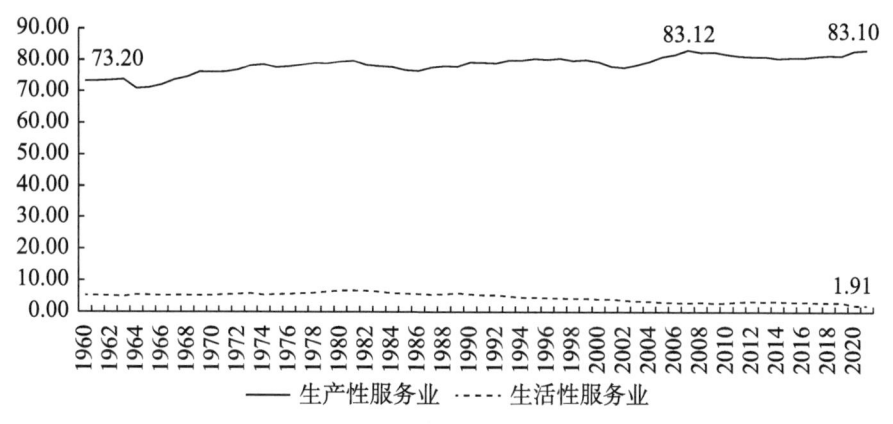

图 9-4-2　生产性服务业和生活性服务业生产总值占
服务业生产总值比重的变化趋势（单位:%）

数据来源：根据新加坡统计局相关数据整理绘制

3. 以传统服务业发展为支柱，知识密集型服务业持续发展

新加坡之所以成为世界航运、金融、贸易及旅游会议中心，离不开其服务业四大支柱产业——批发与零售业、商务服务业、交通通信业和金融服务业的发展支撑。图 9-4-1 显示，2021 年新加坡批发与零售业占整个服务业生产总值的 27.62%，运输和存储业占比为 8.74%，可知目前新加坡服务业发展支柱仍为贸易、物流等传统服务业产业。但对比 1965 年和 2021 年新加坡服务业各细分行业的占比变化可以发现，金融与保险业和信息与通信业均呈上升趋势。其中，金融与保险业占比由 1965 年的 6.58% 变为 2021 年的 20.98%，仅次于批发与零售业。这表明，新加坡在以传统服务业发展为支柱的同时，金融、信息技术等知识密集型服务业也获得了长足发展，新加坡服务业发展逐渐向高质量发展转变。

第五节　新加坡服务业发展的影响因素

（一）新加坡服务业发展的有利因素

1. 政府有效的战略引导，有利于引领服务业发展方向

新加坡现代服务业在短短30年时间内从萌芽走向成熟，依靠的最重要的因素为新加坡政府的战略引导和政策扶持。无论是在萌芽阶段政府对服务业基础设施和产业的扶持和建设，还是在现代化发展阶段政府依据国内外形势对服务业转型的宏观把控和调整，都对其现代服务业发展具有极为重要的战略意义，确保了现代服务业发展的效率。以金融业发展为例，一方面，为了实现新加坡成为国际金融中心的目标，新加坡政府大力进行金融产业建设，重视大学教育，在20世纪80年代就培养了一批金融业储备人才，为现代金融业发展奠定人才基础。另一方面，亚洲金融危机后，新加坡政府直接介入金融体制改革的全过程，成立金融管理局，改革金融体制监管模式，重点防范金融系统性风险。知识经济迅猛发展阶段，新加坡政府又组织各大高校共同建立新加坡训练与研究中心旗舰生态系统，为新加坡金融产业健康发展提供前沿金融知识、技能、创新思路等，进一步巩固了新加坡国际金融中心的地位。

2. 坚实的产业发展基础，有利于充分发挥服务业发展潜力

伴随着工业化的长足发展和制造业的转型升级，新加坡现代服务业的发展也从萌芽阶段走向成熟，现代服务经济发展潜力得到了充分的发挥。一方面，制造业从劳动密集型产业过渡到资本、技术密集型产业，再到知识密集型产业中，新加坡服务业也从辅助地位发展到并重地位，再到优先地位。依托不同发展阶段的产业基础，新加坡服务业在不同阶段的定位使其发展潜能得到了充分的释放和发挥。另一方面，随着制造业转型升级，新加坡大力推动现代服务业配套的基础设施和产业建设，为其现代服务经济的发展奠定了坚实的基础。除了"硬环境"的建设，新加坡还注重政府服务、法治建设、开放政策等"软环境"的打造，为现代服务业发展提供了有效保障。

3. 优越的地理区位和开放的经济环境，有利于加速现代服务业发展进程

新加坡位于马六甲海峡东南端，连接了亚洲、欧洲、非洲、大洋洲四大洲，拥有250多条航线和600多个港口，是世界上最繁忙的港口和亚洲主要转口枢纽之一，战略地位十分突出。与其优越的海港优势相匹配，新加坡属于外向型经济，拥有高度开放的经济发展环境，《世界开放报告2022》的世界开放指数显示，新加坡超过世界其余128个经济体，成为2020年世界上最开放的经济体。凭借优越的地理区位和开放的经济环境，新加坡吸引了大批跨国公司进入并在此设立区域总部，为新加坡服务业发展带来了更多的机遇，打破了新加坡的资源禀赋掣肘，有利于加速新加坡现代服务业的发展。

4. 多元文化和多语种优势，有利于激发服务业融合创新活力

新加坡是一个移民国家，人口主要由华人、马来西亚人、印度人、欧亚人组成，具有人口多样性的特点。人口多样性使新加坡成为一个多语种并行、多元文化相互交融的国家，同时也给新加坡经济发展注入了更多的活力。在多元文化的相互碰撞、相互融合中，新加坡服务业发展的空间得到了拓展，创新活力得到了充分的释放，最终形成了自己的特色。

（二）新加坡服务业发展的不利因素

1. 高度依赖外部经济，容易遭受外部经济冲击

新加坡属于外贸驱动型经济，对国外供给和市场具有高度依赖性，容易受到外部经济形势变化的冲击，服务业发展具有更多的脆弱性和不确定性。一方面，新加坡自然资源匮乏，国土面积狭小，农业产业结构占比极低，农产品不能实现自给自足，80%以上的农产品依赖从马来西亚、中国、印尼和澳大利亚进口。同时，新加坡生产加工的绝大多数原材料也基本依赖于外部进口。另一方面，新加坡又高度依赖中国、美国、日本、欧洲和周边市场。因此，国际经济动荡、经济萧条、新冠疫情等都对新加坡经济发展产生了较大的冲击，使其服务业发展充满了不确定性。

2. 货币国际地位与金融服务发展不匹配

新加坡高度依赖国际贸易发展和国际资本流动，是国际金融中心，但其货币地位与其金融发展地位不匹配。与西方金融业强国相比，新加坡发行的货币新加坡元并未得到国际上的广泛使用，无法成为世界货币，这就造成了高度资本开放流动情况下新加坡在金融层面面临更多的外部风险，却没有足够的能力进行宏观调控的局面。因此，新加坡金融业持续健康发展受到了限制，外部竞争力相对西方金融中心较弱。

第六节　新加坡现代服务业发展对北京的启示

（一）充分发挥政府战略引领作用

不同于西方发达国家自然分工演化的经济发展路径，新加坡政府在其经济发展过程中起到了重要的引领和推动作用。纵观新加坡经济发展历程，新加坡政府在推动工业化建设的同时，也十分重视服务业的发展，不仅成立服务业总体推进机构，还推行一系列扶持政策推动服务业现代化转型。20世纪80年代之前，新加坡现代服务业尚处于萌芽时期，主要以发展贸易、航运等传统服务经济为主。与此同时，新加坡政府着力培育了一批会计、法律、广告、市场研究、管理咨询业、房地产、工程与设计等服务业基础设施和产业，不仅为制造业转型升级提供了高效的配套服务，也为服务业产业升级打下了基础，助力服务业走向现代化。20世纪80年代中后期，新加坡以敏锐的眼光预测到全球经济发展趋势，迅速开展产业结构调整，启动了"制造业和服务业双引擎发动"的发展战略，优先发展现代服务业。21世纪以来信息科技和知识经济的迅猛发展进一步坚定了新加坡优先发展现代服务业的战略，依托知识和科技产业发展，新加坡不断推动服务业产业层次的提升，培育现代服务业核心竞争力。新加坡的发展经验启示我们，北京在发展现代服务业时要充分发挥政府战略引领作用。政府的主导作用能够及时准确地把握经济发展契机，调整服务业发展方向，确保现代服务业发展的效率。

（二）综合自身禀赋和国际机遇扬长避短

新加坡地理位置优越，是连接东、西方以及太平洋和印度洋的重要枢纽。凭借自身地理位置优势，新加坡政府实行外向型经济发展政策，结合国际经济发展形势变化，实现了制造业的不断转型升级，并培育了一批具有比较优势和国际竞争力的现代服务业行业。新加坡首先依托海港优势，重点发展贸易、物流、旅游等传统服务经济，进而凭借积累的发展基础，吸引国际金融机构、跨国公司、国际组织总部在此集聚，发展总部经济，促进传统服务经济的国际化、高端化发展，新加坡由此也成为国际航运、贸易、金融及旅游会议中心。21世纪以来，随着知识经济和信息技术成为现代经济发展的重要引擎，新加坡充分发挥多语种优势和多元文化优势，打造知识密集型现代服务经济，在教育、健康保健和法律服务等新兴服务业领域全力打造竞争优势。此外，随着当今经济全球化向区域化方向发展，新加坡积极利用地缘优势，探索自由贸易港模式，稳固自身国际航运、贸易、金融及旅游会议中心的地位。根据新加坡的发展经验，北京在发展现代服务业时要紧抓国际机遇，积极引进高质量外资，重点发挥自身优势禀赋，扬长避短，形成自身竞争力，加速现代服务业发展进程。

（三）顺应经济发展阶段，制造业与服务业并重

忽略经济发展阶段，单纯追求服务业高速发展必然使得服务业发展后劲不足，抗风险能力下降。纵观新加坡经济发展历程，新加坡的服务业发展定位一直与经济发展阶段相适应，同时，服务业与制造业也实现了相互促进、共同进步的发展态势，成了新加坡经济发展的双重驱动引擎，极大地提升了新加坡经济发展和现代服务经济发展的效率。20世纪80年代之前，新加坡处于经济发展的初级阶段，面临劳动密集型产业向资本、技术密集型产业转型的机遇期，因而新加坡将服务业发展定位为制造业发展的配套辅助产业，服务业发展处于次要地位。20世纪80年代后，新加坡制造业成功实现了高端转型，依托高端制造业产业基础，新加坡看准未来几十年为现代服务业发展的机遇期，开始实行"制造业和服务业双引擎发动"战略，大力发展现代服务

经济。进入 21 世纪，知识经济和信息技术成为全球经济发展的新趋势，新加坡将现代服务业置于优先发展地位，促进高端制造业与研发设计、品牌营销等现代服务业融合，打造知识密集型优势产业。可以说，新加坡的经济发展历程既是制造业产业不断转型升级的历程，也是现代服务经济从萌芽走向成熟的历程。由此可知，北京发展现代服务业的同时也应注意制造业的发展，以制造业发展转型为基础不断激发现代服务业发展潜力。

第十章　巴黎现代服务业发展分析

法国首都巴黎，历年被世界城市排名评为 Alpha+ 级世界一线城市。巴黎不仅是法国第一大都市，还是法国的政治、经济、文化、商业中心，欧洲的第二大城市。作为全球化程度极高的城市，巴黎服务业对 GDP 的贡献度高，巴黎的 GDP 也常年位列欧盟城市榜首。巴黎服务业的蓬勃发展值得北京服务业发展借鉴。本章通过统计分析法国巴黎服务业发展现状，总结法国巴黎服务业增加值、就业比重、就业结构、从业人员素质、绿色经济发展情况并作出具体分析，希望能够为北京服务业的发展提供经验借鉴。

第一节　引言

随着全球经济一体化进程的加快，服务业逐步成为经济活动的主体。对中国而言，服务业对于整个经济的发展具有更为重要的意义。"十三五"时期，中国服务业的发展取得了骄人的成就，服务业进入了一个全面发展的新阶段。"十四五"时期是我国进入全面建设社会主义现代化国家新征程的前五年，也是服务业提升质量水平、提升国际竞争力、实现高质量发展的重要阶段。《中华人民共和国国民经济和社会发展第十四个五年规划和 2035 年远景目标纲要》提出促进服务业繁荣发展，聚焦产业转型升级和居民消费升级需要，扩大服务业有效供给，提高服务效率和服务品质，构建优质高效、结构优化、竞争力强的服务产业新体系。

当今世界正处于百年未有之大变局，逆全球化思潮抬头，全球经济增速放缓，市场内需和外需的扩展都受到限制。此外，发达国家的服务业起步早，发展时间长，因此具有较强的竞争力，在金融、科技等领域制定了一系列的国际竞争规则，掌握了话语权，但其贸易保护主义也成为限制其服务业创新发展与开放发展的障碍。此部分以服务质量发展的内涵为切入点，对"十四五"时期乃至更长时期的服务业发展状况进行全面的剖析与评析，明确其发展的方向与重点，这对促进我国现代化建设、高质量发展有着重要的现实意义。

在这种背景下，研究分析巴黎服务业的发展，对指导北京服务业发展、促进经济结构转型、推动供给侧结构性改革、发展新经济有着重要意义。

第二节　文献综述

目前，学界主要从巴黎的城市特征及发展、服务业发展两个方面进行叙述。

从巴黎的城市特征及发展来看，巴黎地区经历六次城市规划，逐渐形成"三、二、一"的产业结构，第三产业占比超过一半（刘瑞、伍琴，2015）。张恺和周俭（2001）通过分析法国城市规划编制体系的特点，提出法国的总体规划是战略性规划，并且法国总体规划的用地分类综合考虑城市功能、重要发展项目和未来需要解决的主要问题等众多因素，其中最为重要的特点是对重要发展项目的选址。吴雪明（2003）通过测算巴黎地区的面积、居住人口数量、就业人口数量、居住人口密度和就业人口密度5项指标，得出巴黎城区面积较小，郊区面积很广阔，就业人口结构城区和郊区呈7∶3分布，就业人口高度密集等结论。向俊波和谢惠芳（2005）分析了巴黎作为法国的中心，占到法国领土面积的2%，人口占了全国的19%，不仅导致区域发展不平衡，也让巴黎的城市空间状况恶化。1965年《巴黎大区国土开发与城市规划指导纲要》规划提出在巴黎外围建设城市副中心，用来平衡城市布局以及分散居住人口。王超深（2021）指出巴黎大都市区形成了3级体系中心，空间区位上呈"趋中性"特征，都市区副中心的规划建设均历时较长，且空间位置均在中心城区范围内，并且大都有轨道环线通过，在交通接驳与客流组织层面有丰富经验。

从服务业发展来看，巴黎为了获得更好的发展，提出大巴黎计划。大巴黎计划是对巴黎城市未来发展模式的思考。王迎新（2016）通过数据分析指出法国服务贸易持续保持顺差，并且服务贸易出口以知识密集型服务业为主，正在逐渐融入欧洲服务贸易自由化乃至全球服务贸易自由化的过程中。Rabeh Morrar（2014）分析了法国服务类企业的创新绩效的各个维度以及创新对经济绩效的影响。巴列等（Barlet et al.，2012）研究了法国以商业为导向的服务业和制造业的位置模式。王曦（2018）通过分析巴黎地铁网络特征，指出巴黎的城市公共交通体系非常完善，并且是世界上最早拥有地铁网络的城市之一。利用结构中心度指数分析巴黎地铁网络发展中的结构演变及其特征，结果显示地铁网络站点的结构中心度与其入站交通量密度有明显的相关性，某些地铁线路的改动有效地提高了地铁网络的换乘效率。魏作磊（2007）在对OECD各国服务业就业结构的演化进行研究的基础上得出结论，以商贸服务业为主的生产性服务业和以教育、医疗卫生为主的社会服务业这两大类服务部门的就业增加，促进了服务业就业比例的上升。谭洪波、郑江淮（2012）通过计量模型计算结果，提出法国服务业发展迅速并且占GDP的比重与国家服务业的全要素生产率有关。

第三节 巴黎服务业发展现状分析

（一）巴黎的经济地位

巴黎大区位于法国北部，地理位置优越，是连接欧洲和世界的桥梁。其面积仅占法国国土总面积的2%，但是却拥有30%的GDP总量。从图10-3-1中可以看出，2000年至2020年间，巴黎大区GDP呈上升趋势，从2000年GDP总量为4349亿欧元到2019年GDP总量达到了7585亿欧元，GDP总量增加了3236亿欧元。受新冠疫情的影响，巴黎大区的GDP有所下降，但2020年GDP还是达到了7100亿欧元，经济总量还不如巴黎的三分之一。

巴黎大区有很强的经济活力，这里拥有欧洲最多的世界500强企业总部（世界第三，仅次于北京和东京）。充满活力的研发氛围也使初创企业在这里蓬勃发展，根据巴黎大区 2022 年报告数据，巴黎的初创企业数量排名仅次于伦敦。不仅如此，巴黎大区的第三产业，比如金融服务、航空航天技术和国防领域世界领先，在生命健康学等领域的研究成果也备受认可，新空间、新交通、绿色能源领域也在全球发展较早。而北京在金融、航空技术等方面不及巴黎，需要加强在知识密集型服务业上的发展。

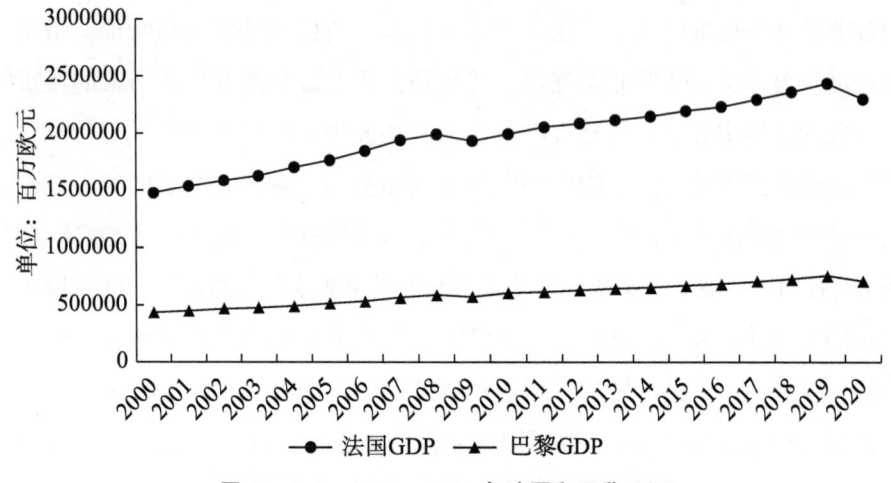

图 10-3-1　2000—2020 年法国和巴黎 GDP

数据来源：欧盟统计局

（二）巴黎服务业的发展情况

1. 服务业增加值逐年提升

巴黎作为法国的政治、经济、文化、商业中心以及世界经济的枢纽，服务业发展为其经济的发展做出巨大贡献。仅 2013 年巴黎服务业就占其 GDP 的 95.3%。根据法国国家统计和经济研究所数据（见图 10-3-2），巴黎大区第三产业增加值整体呈上升趋势，从 2000 年的 44.9% 上升到 2020 年的 48%。其中 2000 年至 2004 年，第三产业增加值上升最快，仅四年就增加了 3%。在 2010 年达到峰值 48.2%，之后有所下降，但整体第三产业增加值增长速度较快。

北京服务业增加值占 GDP 的比重高于巴黎，占比在 65% 以上。并且北京服务业增加值占 GDP 的比重从 2000 年到 2021 年呈逐年上升的趋势，而根据图 10-3-2，巴黎虽然呈现上升的趋势但是波动比较大。

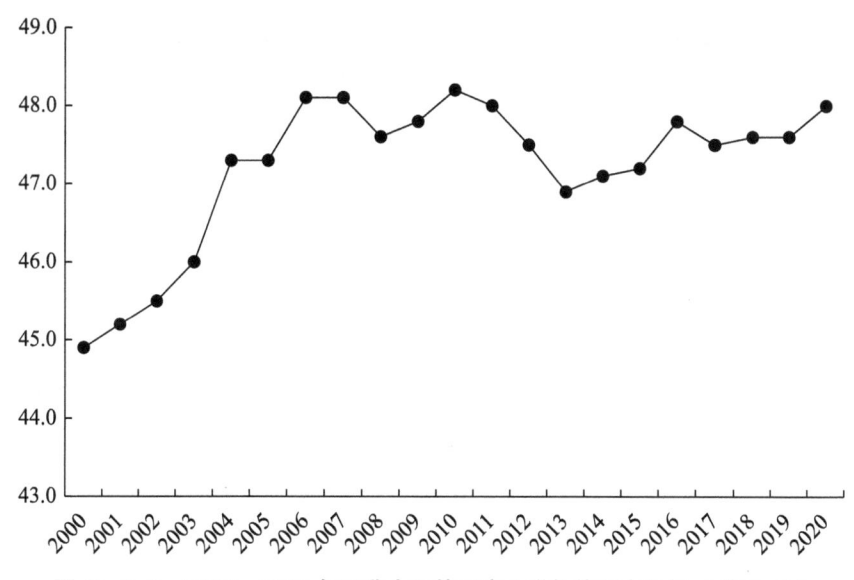

图 10-3-2　2000—2020 年巴黎大区第三产业增加值所占比例（单位：%）

数据来源：法国国家统计与经济研究所（INSEE）

2. 服务业就业岗位数量庞大

巴黎大区是法国和欧洲人口最稠密的地区，也是欧洲最年轻化、最具多元特征的地区之一。巴黎大区的众多企业数量也为当地居民提供了大量的就业机会。从图 10-3-3 中可以看到，巴黎就业人口数在总人口数的 80% 上下波

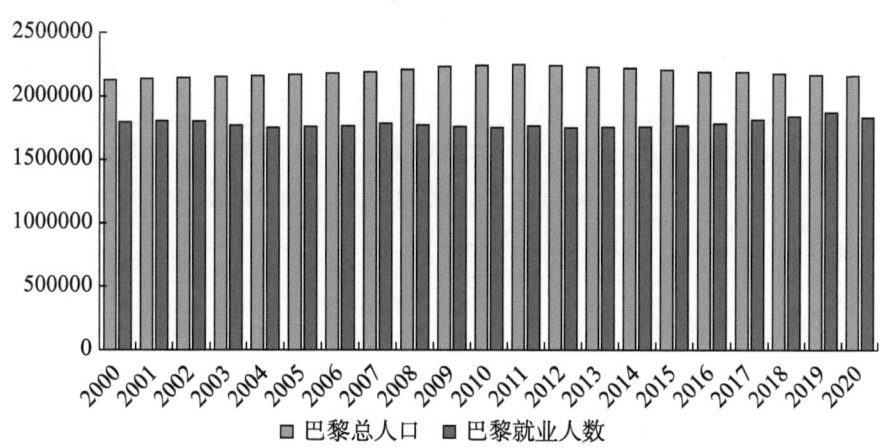

图 10-3-3　2000—2020 年巴黎人口和从业人数

数据来源：法国国家统计和经济研究所（INSEE）

动。其中，2012年至2017年，巴黎人口以每年0.5%的速度增长，增速略快于法国平均水平。2000年至2020年巴黎就业人数呈现波动上升趋势，从2000年的170多万就业人口增加到2020年的182万就业人口，就业人口数量约增加12万人。

巴黎大区多样的经济格局让其具有各种类型的企业，尤其是各种服务业，比如金融服务、创意产业、商业服务、奢侈品服务等，在庞大的就业人口中，服务业从业人员占有较大比重。从图10-3-4中可以看出，巴黎87.5%的工作岗位在服务行业。其中服务业从业人员在2000年至2020年从129万人增加至140万人，总体增加11万人。2019年从业人员最多，达到145万人。非市场第三产业占比23%左右，从事农业相关的人员数量最少，从2008年开始，就业人数低于1000人。

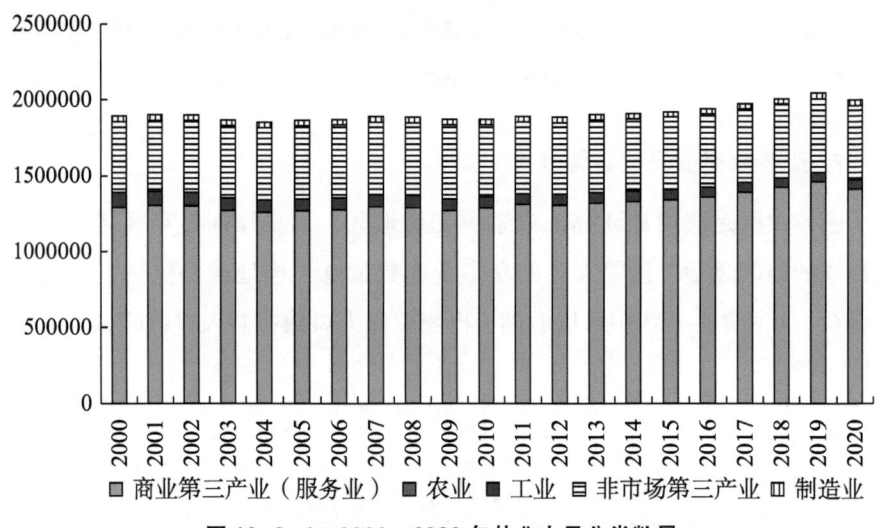

图10-3-4 2000—2020年从业人员分类数量

数据来源：法国国家统计和经济研究所（INSEE）

3. 从业人员质量高

（1）劳动生产率逐年增加

劳动生产率是反映产业竞争力强弱的一项重要指标，也是衡量地区经济效益的主要指标。通过用巴黎劳动者一年内生产出来的产品价值总额来反映产业竞争力的高低，数值越高，表明竞争力越强，反之则越弱。

从图10-3-5中可以看出，2000年至2020年巴黎名义劳动生产率水平呈上升趋势。其中，2000年至2020年呈快速上升趋势，从79200欧元增加到116110欧元，增长46%。2019年名义劳动生产率最高，达到121500欧元。巴黎名义劳动生产率越来越高，表明巴黎服务业的竞争力逐渐增强，在欧盟国家居于较高水平。北京与之相比服务业劳动生产率也逐年增加，虽然劳动生产率不及巴黎高，但是增长量比巴黎高，说明北京服务业的劳动生产率呈现显著上升势头。

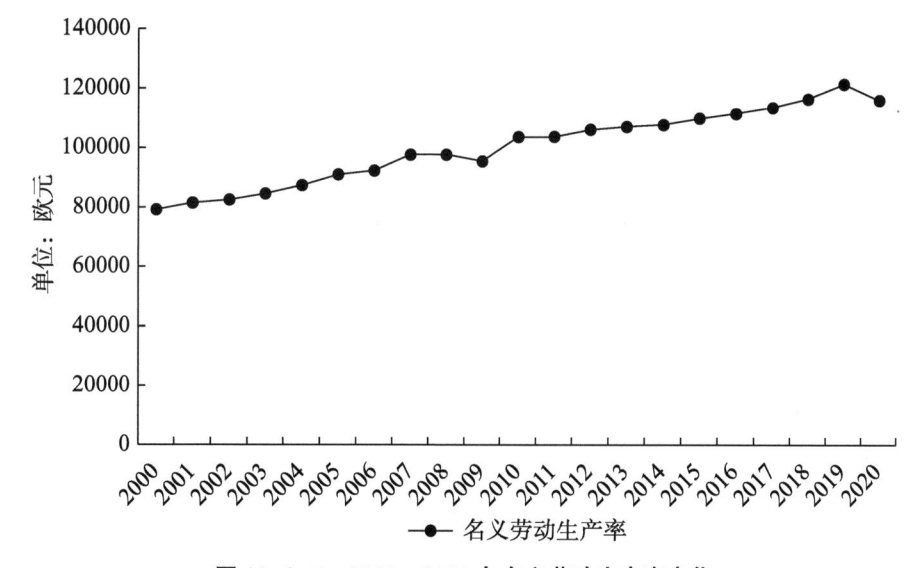

图10-3-5 2000—2020年名义劳动生产率变化

数据来源：欧盟统计局

(2) 巴黎地区受教育程度高

服务业可以分为劳动密集型服务业和知识密集型服务业，对于巴黎来说，知识密集型服务业更加突出。巴黎大区是一个吸引国际化年轻人群的地区，就业人员受教育程度高，学生、企业家、研究人员和投资者都被巴黎所吸引，融入巴黎之中。在巴黎大区，科学家和工程师有63万名以上，科技从业人员有260万名以上，在欧盟28国中，技术和知识密集型行业从业人员数量排名第一。这里也聚集了73万高素质学生，大学生人数占法国学生总人数的26.4%。北京大学生人数占学生总人数的比重大约只有5%，相比之下巴黎就业人员的受教育程度更高。

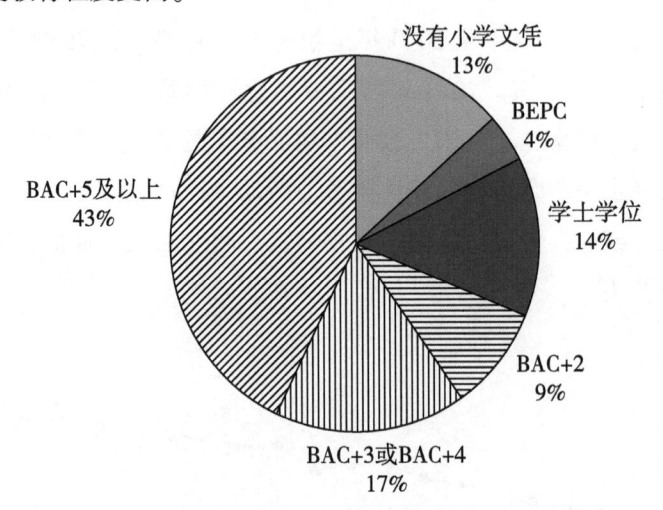

图10-3-6 从业人员受教育程度

资料来源：法国国家统计和经济研究所（INSEE）

4. 经济发展的同时注重培养绿色环境

巴黎在发展经济的同时还致力于改善环境、保护生物多样性以及减少碳排放，通过可持续的无碳城市规划为公民提供一个空气清新、绿色环保的环境。在巴黎大区研究院2021年统计的数据中，巴黎大区绿地和森林的覆盖率达到76%，自然公园、社区花园、公园、广场，生态保护区等都让居民在经济繁华的大都市中感受绿色的环境。

巴黎不仅注重绿化环境，还注重"绿色经济"。"绿色经济"是一个相对较新的概念，这个术语主要形容对环境产生积极影响的所有经济活动，包括环境保护、自然资源管理等。目前全球的生态环境面临很大的挑战，生物多样性减少、全球变暖等情况不容忽视，生态驱动的经济转型是拓宽绿色经济前景的重要机遇。有数据显示，2022年在巴黎地区就有26400人从事绿色职业，法国19%的绿色职业位于巴黎地区。

第四节　对北京服务业发展的启示

通过上述统计分析，巴黎服务业在 GDP 中占比大、从业人员受教育程度高、注重绿色经济的发展等，这些都对巴黎经济的发展起着巨大的推动作用。中国虽然没有发达国家的服务业那样发展规模大、速度快，但发展潜力巨大，可为北京服务业的发展提供有益借鉴。

（一）大力发展知识密集型服务业

服务业分为劳动密集型服务业和知识密集型服务业。传统服务业都是偏向劳动密集型的，比如家政、餐饮、保洁等。这类服务业虽然必不可少，但是知识含量低，对推动经济增长的作用小。北京市知识密集型服务业占比不大，所以应该大力推动知识密集型服务业的发展，比如金融服务、医疗服务、信息服务等，提高北京市服务业质量水平，加快经济发展。同时提高劳动密集型服务业的含金量，提供高质量服务，打造特色品牌。巴黎服务业在金融、商业服务、医疗健康、教育方面都非常出色，北京市的服务业发展应当借鉴巴黎服务业发展的特点，首先利用先进的科技手段大力发展知识密集型服务业，拓展服务业发展领域，促进金融服务、信息服务、研发服务等新兴服务业的形成和发展。其次改善医疗体系，提高养老服务，让居民享受良好的医疗服务。最后提高中小学生关于互联网的教育，提早让中小学生了解互联网和当下热点，为培养科学技术人才做铺垫。

（二）注重研发服务人才培养与引进

《中华人民共和国国民经济和社会发展第十四个五年规划和 2035 年远景目标纲要》也提出，激发人才创新活力，培养造就更多国际一流的战略科技人才、科技领军人才和创新团队，培养具有国际竞争力的青年科技人才后备军。知识密集型服务业增长速度快、影响大，想要更好地提升北京市服务业的发展，需要人才的推动。对比来看，巴黎地区面积虽小但却是人才中心，其中 BAC+5 及以上的人才占到 43%。所以，北京市在注重人才培养的同时也要注意人才的引进。在经济全球化的背景下，国家开放程度逐渐提高，人才竞争激烈，为防止人才的流失，北京市首先应从战略高度建立并完善人才激励机制，建立良好的政策环境吸引各地人才进入北京，鼓励留学生回国发展。其次，服务业相关企业应积极与北京高校合作，联合培养具有创新能力、互联网技能等的专业型人才。

（三）倡导绿色发展，促进服务业减污降碳

全球变暖、生物多样性减少等各种环境问题不容忽视，巴黎在发展经济的同时，致力于通过商业、环保城市规划促进当地可持续发展。不仅如此，巴黎还发展"绿色经济"，拥有众多绿色职业，致力于通过商业、环保型城市规划以及具有积极影响的项目促进可持续发展。应对气候变化，我国力争2030 年前实现碳达峰、2060 年前实现碳中和。北京市服务业发展水平处于上升趋势，促进绿色服务业的发展不仅符合国家政策还有利于提高北京市服务业的发展水平。第一，加强服务业的监管。在商场、餐厅推广使用绿色环保的设备；在学校、医院等场所规范用水，节约水资源；鼓励旅游景区采用低碳环保的材料，积极进行环境监测。第二，促进服务业的聚集。促进服务产业聚集，降低服务业信息交流成本，促成高新区的建立。政府也应提供相应支持，打造服务产业区，促进服务业发展。第三，大力宣扬绿色消费，节能减排。政府应当做出表率，对企业和公民进行正向引导，积极宣传绿色消费，大力弘扬节能减排。同时服务业也应当在发展的同时注重绿色节能技术和产品的推广使用。比如餐饮业不使用一次性餐具，推广"光盘"行动，包装设计行业采用绿色包装、可回收包装等。

专题二　国内现代服务业发展领先城市的发展经验与思考

第十一章　香港现代服务业发展分析

回归祖国以来，香港服务业迅速发展，逐渐形成以金融、贸易及物流、专业服务及其他工商业支持服务、旅游四大支柱产业为代表的产业体系，成为国际金融、航运和贸易中心。本报告从规模地位和行业结构两方面对中国香港服务业的发展现状进行分析，并着重对比北京市与香港服务业发展的差异，探索香港服务业的发展经验，为北京服务业的发展提供建议。

第一节　引言

1997年香港回归后，中国香港特区政府在"一国两制"的伟大实践中，凭借其独特的区位优势和内地优惠政策，将大部分劳动密集型制造业转移到要素成本较低的内地，逐渐发展出中国香港四大支柱产业（即金融业、贸易及物流业、旅游业、专业服务及其他工商业支持服务），基本实现了从以制造业为基础、外贸为主导的产业经济结构向服务型产业经济结构的转型，形成高度服务化的产业结构。

当今世界正经历百年未有之大变局，全球经济、金融风险激化，香港经济内部发展不均衡的问题加速显现，GDP增速下降。我们发现，发展进出口贸易业、运输物流业、金融及保险业等高增值行业是突破中国香港经济发展桎梏的关键着力点。过去20年，服务业高增值化程度与香港GDP的相关性达0.9。从微观基础来看，香港服务业高增值化发展与践行"十四五"规划中巩固贸易中心、航运中心、国际金融中心以及风险管理中心的战略定位紧密契合。由此出发，以落实"十四五"规划为抓手，推动服务业高增值化，突破发展瓶颈，促进香港经济高质量发展。

本部分分别从规模地位和行业结构两方面对近年来香港服务业的发展进行分析，总结香港服务业发展的经验教训，对北京服务业的发展提出了政策建议。

第二节 文献综述

（一）香港产业结构演进研究

学者们大多将香港的产业结构转型分为以下几个阶段：第一阶段为工业化阶段（1950—1980年），这一时期香港制造业占生产总值的比重从1950年的9.0%上升到1980年的23.7%，其中1970年达到31.0%的历史高峰，制造业成为主导产业。第二阶段为去工业化阶段（1980—1997年），这一时期香港劳动力短缺，工资和土地成本不断上涨，制造业原有的比较优势逐渐丧失，再加上中国改革开放和开设经济特区，香港制造业大规模往内地转移。同期，服务业，如金融保险、商业服务业等产业迅速发展，服务业生产总值比重从1980年的67.5%上升到1990年的74.5%，1997年则高达86%，服务业成为主导产业。第三阶段为服务化阶段（1997年至今），这一时期服务业产值不断扩大，香港经济进一步向服务化和高增值化环节转型（朱兰等，2022；冯邦彦，2014；刘国芬，2006）。

（二）香港服务业发展现状

除此以外，学者们还对回归后香港服务业发展的成就进行了研究。唐子来和李粲（2015）从生产性服务业的角度指出，香港在高端生产性服务业网络关联度中的排名较高，是亚太区域中心城市，总部位于香港的高端生产性服务业公司在许多亚太城市设立了分支机构。赵家章和丁国宁（2020）认为香港作为国际金融中心、国际贸易中心和国际航运中心，依托其完善的服务体系汇集了大量的全球贸易中间商，这些贸易中间商利用发达完善的贸易网络控制管理全球资源交易，从而催生了香港离岸贸易的蓬勃发展。李春顶等（2016）提出香港是目前世界上最重要的商业和金融中心之一，香港对创新的支持，以及宽松的资金流动环境对其成为国际金融中心起到了非常重要的支撑作用。

然而，也有部分学者认为由于产业结构的失衡，香港服务业发展遇到了瓶颈，随着制造业转移和离岸贸易发展、金融中介化、生产性服务业转移和调整以及非生产性服务业增长，香港服务经济呈现出非实体化或虚拟化的特征，对房地产业依赖性较高，而且香港特区政府于2009年提出的六项优势产业发展缓慢，削弱了香港经济可持续发展的动力（张伟，2016）。洪雯和张家敏（2014）认为随着香港服务业开始进入内地，香港服务业可能会出现生产性服务业收缩和消费性服务业扩张的趋势。康志男和王海燕（2020）认为香港服务业缺乏实体经济基础，产业空心化造成高端服务业边缘化和低端服务业竞争白热化。张立真（2022）提出，近年来，香港传统主导产业增长乏力问题突出，四大支柱产业除金融业外，对经济的拉动作用均有所减弱。与此同时，早在2010年香港特区政府就确定的六大潜力产业，即文化及创意产业、医疗产业、教育产业、创新科技产业、检测和认证产业、环保产业，未能担负起拉动经济增长的重任。

（三）香港服务业区域协同发展

现有关于香港服务业空间分布特征的文献，主要集中于粤港澳大湾区。《粤港澳大湾区发展规划纲要》指出，要以香港、澳门、广州、深圳四大中心城市作为区域发展的核心引擎，继续发挥比较优势做优做强，增强对周边区域发展的辐射带动作用。

湾区内各城市经济辐射范围呈现"广深港—佛莞—其他湾区城市"的圈层结构（毛艳华等，2021），已经形成了完善的产业链条，而且珠三角、香港和澳门三地分别呈现出各自的服务优势，香港作为中心城市，拥有八所知名高校，科技创新资源丰富，金融、专业服务业高度发达，具备极大发展潜力（张寒旭、刘沁欣，2021）。随着产业布局的发展，粤港澳大湾区城市群已经呈现出比较明显的"核心—外围"产业布局。外围的中小城市如东莞、中山、佛山等，逐渐承接了核心城市的制造业迁移（陈广汉、任晓丽，2021），但中心城市对外经济辐射的效率仍然未达到最优水平（毛艳华等，2021）。基于2005—2018年粤港澳大湾区及周边城市的面板数据，从网络空间视角分析，发现粤港澳大湾区及周边城市生产性服务业呈现以香港、广州、深圳为中心的圈层结构空间分布特征，形成了"特别行政区+经济特区+省会城市"组合的空间分布格局，整体向紧密型网络化的空间格局转变（毛华等，2022）。

第三节　香港服务业发展现状

（一）香港服务业的规模和地位

从图11-3-1可以看出，香港在2010年至2020年间服务业发展水平较高，10年来服务业增加值占香港本地生产总值的90%以上。同时观察香港服务业就业情况，可以看到2019年、2020年香港总就业人数中服务业从业人员在原有的高占比情况下（多年来超过90%）又有显著的提升。此外，服务业在香港对外贸易方面也担任重要角色。服务业出口额一直以强劲的速度增长，并在2018年达到1137亿美元，创历史新高。然而，受新冠疫情的影响，2020年服务业出口额为665亿美元，较2018年下降41.5%。

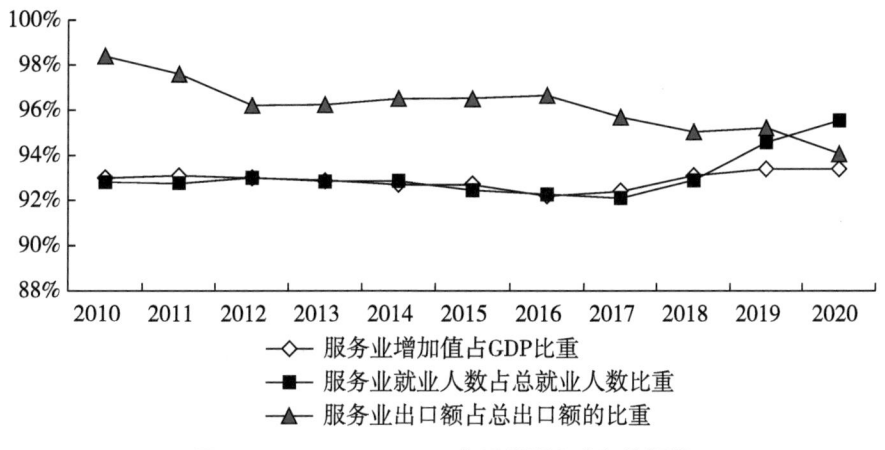

图11-3-1　2010—2020年香港服务业相关指数

数据来源：中国香港特别行政区政府统计处

（二）香港服务业的行业结构

1. 服务业细分行业分布状况

本部分通过分析各细分行业增加值占服务业的比重，列出了香港服务业的分布情况。根据中国香港特别行政区政府统计处的数据（见图11-3-2），2020年，在服务业各行业的主要经济活动中，金融及保险业占香港生产总值的25%。其次是公共行政、社会及个人服务业占比22%，进出口贸易、批发及零售业占比20%，地产、专业及商用服务业占比10%，运输及仓库和邮政及速递服务业占比4%，信息及通信业占比4%，住宿及膳食服务业占比2%。

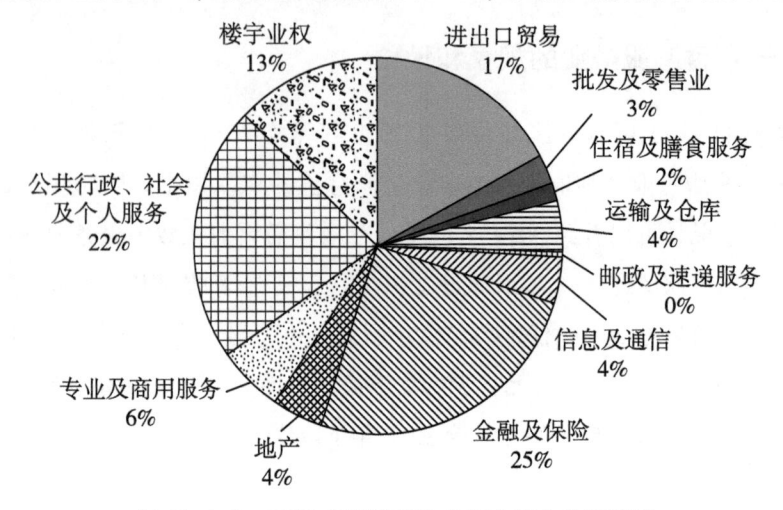

图11-3-2 2020年香港服务业细分行业分布状况

数据来源：中国香港特别行政区政府统计处。

2. 香港的四大支柱产业

香港自1997年回归以来，金融、贸易及物流、专业服务及其他工商业支持服务、旅游四大产业发展加快，对经济增长和就业的贡献日益加大，它们不仅带动了其他行业的发展，也创造了不少就业机会，是香港经济动力的主要源泉。

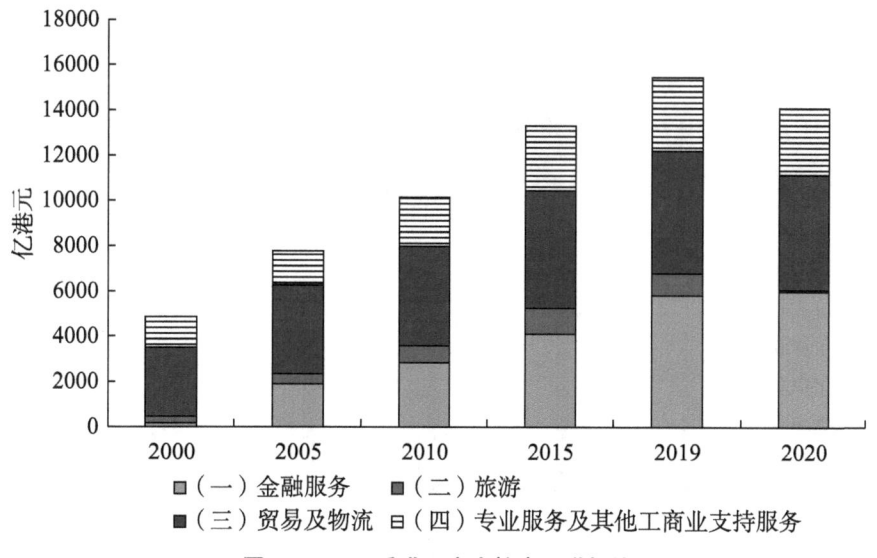

图 11-3-3　香港四大支柱产业增加值

数据来源：中国香港特别行政区政府统计处

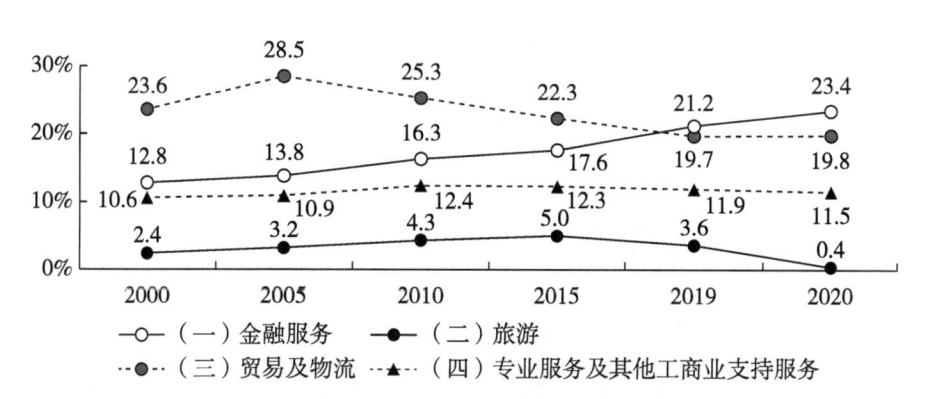

图 11-3-4　香港四大支柱产业增加值占本地 GDP 比重

数据来源：中国香港特别行政区政府统计处

2000 年至 2015 年，四大产业的增加值从 4860 亿港元增加到 13309 亿港元（见图 11-3-3），15 年间增加了接近 3 倍，同时香港四大支柱产业占本地 GDP 的比重从 49.4%上升至 57.2%（见图 11-3-4），增加了近 8 个百分点。其中，金融服务业的增加值从 1642 亿港元增加到 4099 亿港元，增加了 2.5 倍；旅游业的增加值从 310 亿港元增加到 1164 亿港元，增加了 3.75 倍，旅游业占 GDP 的比重从 2.4%增加到 5.0%，上升了 2.6 个百分点；贸易及物流业的增加值从 3028 亿港元增加到 5174 亿港元，增加了 0.71 倍；专业服务及其他工商业支持服务业的增加值占 GDP 的比重从 10.6%增加到 12.3%，上升了 1.7 个百分点。2019 年和 2020 年旅游业、贸易及物流业、专业服务及其他工商业支持服务业的增加值均呈现出下降的态势，但金融服务业依旧占据香港 GDP 较大的比重。

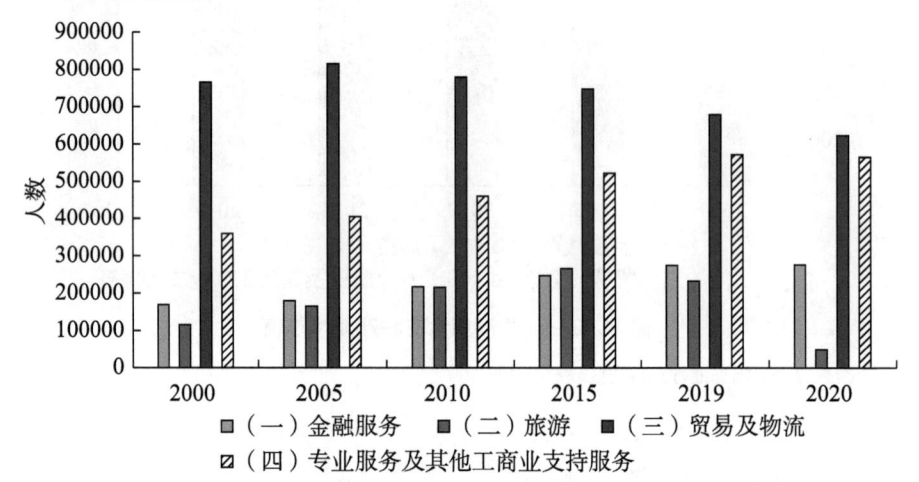

图 11-3-5　香港四大支柱产业就业人数

数据来源：中国香港特别行政区政府统计处

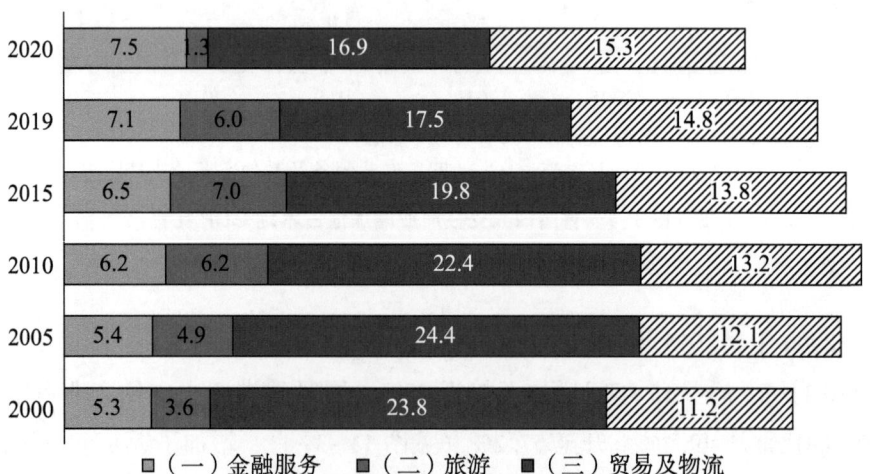

图 11-3-6　香港四大支柱产业就业人数占总就业人数百分比

数据来源：中国香港特别行政区政府统计处

如图 11-3-5 和图 11-3-6 所示，金融服务业就业人数在 2020 年为 27.4 万人，占总就业人数的 7.5%，较 2019 年的 27.3 万人上升 0.4%。旅游业就业人数在 2020 年为 4.9 万人，占总就业人数的 1.3%，较 2019 年下跌 4.7%。贸易及物流业方面，在 2020 年雇用 61.6 万人，占总就业人数的 16.9%。专业服务及其他工商业支持服务业与 2019 年比较，就业人数上升 0.5%。

（三）北京与香港服务业发展情况的对比

从贸易结构的角度来看，香港服务贸易的结构较为密集，主要集中于金融、贸易和商业服务、旅游服务等行业，其中，金融服务业一直是中国香港的优势产业。此外，贸易和商业服务、旅游服务等在香港服务出口贸易方面也占有重要地位。特别是随着中国对外贸易的不断增长，中国香港对贸易和商业服务的需求也越来越大。而北京的服务贸易结构比较分散，以专业技术服务、金融服务、文化服务等旅游服务业和其他产业作为主要组成部分。其中，专业技术服务出口占比最高，占北京服务出口总额的 40% 以上。此外，旅游服务在北京服务贸易中也占有很大比例，2019 年北京旅游服务出口额达到 159.25 亿美元，同比增长 4.6%。同时，二者在服务贸易逆差的表现上，也有所不同，虽然北京服务贸易出口总体呈增长趋势，但逆差较大，2019 年北京服务贸易逆差 497.39 亿美元，同比增加 6.9%，其中专业技术服务逆差占比较大。香港服务出口规模较大，但服务贸易逆差较小，2019 年香港服务贸易逆差 61.25 亿美元，同比下降 3.1%，虽然香港金融服务业表现强劲，但对香港整体服务贸易逆差的影响有限。

服务贸易市场准入方面，二者也有一定区别。北京作为我国首都，是政治、文化和科技之都，同时也是全国服务业集聚的中心，服务贸易市场准入的标准相对开放，更多吸引外资企业设立独资、合资、控股或其他形式的企业。但对于某些特殊产业，基于我国实际情况，诸如互联网、金融和医疗等领域，北京对市场准入的标准控制相对严格。而香港的服务贸易市场准入标准相对宽松，香港的金融服务业、专业服务业和旅游业等行业也十分适合外商投资设厂，香港还签订了多项服务贸易自由化协议，促进服务贸易市场进一步发展扩大，为服务业对外开放提供有力的保障。

北京和香港都是以服务业为主要产业的城市，基于历史条件等因素，二者分别拥有各自的发展特色，在新发展格局下，相互汲取优势资源，互补劣势，服务贸易已经成为京港两地合作最主要的领域。未来随着我国一系列建设项目的展开，北京和香港在服务贸易领域会有更多的合作机会，为两地服务贸易发展提供更多发展机遇。

第四节　香港服务业发展的经验和启示

（一）提高贸易便利化水平

香港服务经济高度发达，现已成为重要的国际服务业中心，具有较强的服务集聚和辐射能力，通过服务贸易的方式集聚了国际服务资源（邓丽姝，2012）。高度的贸易便利化水平有力支撑了中国香港离岸贸易的发展（赵家章、丁国宁，2020）。

香港服务业的发展经验值得北京借鉴，香港的贸易便利化水平高，不仅是由于中国香港国际航运自由、通关便利，还因为香港高度便利的国际贸易结算。北京可根据政府2022年发布的《北京市促进离岸贸易创新发展的若干措施》，通过推行金融科技创新政策、提高企业贸易结算便利化水平、提高银行展业能力、为企业提供离岸贸易融资便利、搭建公共信息服务平台等措施，推进跨境结算便利化和融资便利化，促进北京离岸贸易的发展。

（二）明确发展重点，提高服务业的国际竞争力

从产业结构的角度来看，香港服务业的结构较为集中，北京的综合服务功能主要包括创新中心、管理控制中心、高端商务服务中心、流通和营销中心、信息产业发展中心等方面。依据北京产业发展重点，通过政策机制鼓励引导高端服务业发展，促进金融、商务等高端服务业对外开放，合理保护知识产权。鼓励技术创新，提高创新人才积极性，引导高端服务业的技术创新与产业融合，提高北京服务产业的国际竞争力。

（三）加快区域协同建设，推动服务业高质量发展

粤港澳大湾区已经形成了完善的产业链条，而且珠三角、中国香港和澳门三地分别呈现出各自的服务优势，各城市之间实现优势互补的同时也增强了对周边区域发展的辐射带动作用。珠三角的先进制造业与香港高端服务业之间的对接不仅推动了两地经济、产业的协同发展，也促进了香港服务业的高质量发展。

而京津冀地区仍面临服务业开放水平较低，服务贸易效能发挥不够大的问题，因此要加快京津冀协同开放机制建设，探索推动区域产业链、创新链和供应链联动发展示范区建设。主动加强与服务业扩大开放试点省市的交流合作，发挥各自优势产业的协同效应，形成优势互补和协同发展格局，推动北京服务业高质量发展。

第十二章　上海现代服务业发展分析

服务业在国内生产总值中占比提升，是改革开放以来中国经济发展的重要特征，亦是发达国家经济运行的经验与未来世界经济发展趋势。本章以我国服务业发展程度相对较高的上海市为研究样本，综合考虑城市功能、经济增长、产业耦合和区域经济协同等多方面作用。一方面，通过发展现状和发展经验总结，归纳上海市服务业规模扩张和质量提升的影响因素。另一方面，将上海市与北京市同期服务业和地区经济发展情况进行对比，找出推动服务业高质量发展的关键动能，以期为北京市及全国服务业高质量发展研究提供经验和发展启示。

第一节　引言

党的十八大以来，我国加快转变经济发展方式，经济结构持续深化调整，产业结构不断优化升级，服务业实现快速增长，在国民经济稳定发展中的重要性日益显著。从制造业规模发展到服务业技术创新，极大程度提升了我国经济增长动力体系建设的多样性，提高了我国经济发展的质量和水平，推动经济由高增速向稳增长逐步推进。近年来，在新冠疫情和国内经济转型关键时期等多重影响下，我国服务经济展现出了强大韧性与蓬勃活力。根据国家统计局数据，2022 年全国服务业增加值[①]为 638697.6 亿元，同比增长 3.9%，略高于全年国内生产总值的同比增速[②]，且 2022 年服务业增加值指数为

[①] 本文以第三产业增加值作为服务业增加值的近似替代。
[②] 数据资料来源：https://www.gov.cn/xinwen/2023-01/18/content_ 5737678.htm。

102.3，与国民总收入指数 102.6 基本持平①。在各种负面冲击下，这为提振中国宏观经济预期带来利好信息。党的二十大报告将高质量发展明确作为全面建设社会主义现代化国家的首要任务。在推动高质量发展的过程中，服务业具有至关重要的作用。它不仅是支撑和稳定国民经济增长的"压舱石"，确保经济在风浪中稳定前行，而且是驱动传统产业向更高效、更高端转型升级的"助推器"。通过引入先进的服务理念和技术，服务业为传统产业注入了新的活力，促使其实现质的飞跃。此外，服务业还是孕育新经济、新动能的"孵化器"。在数字经济、创新经济等领域，服务业提供了丰富的应用场景和实验场所，为新经济、新动能的加速成长提供了肥沃的土壤。可以说，服务业是推动经济高质量发展的重要引擎。另外，服务业作为满足人民日益增长的美好生活需要的关键行业之一，同样是吸纳就业的重要渠道。换句话说，加快我国服务业高质量发展对中国式现代化的实现至关重要且意义深远。

上海作为服务业相对发达的国际化大都市，对研究中国服务业高质量发展具有实践价值和借鉴意义。从上海市服务业发展数据来看，2022 年全市服务业增加值②为 33097.42 亿元，较 2021 年增长 4.5%，占全市生产总值的比重为 74.1%，且这一比重的历史数值自 2016 年来均未低于 70%，③证明上海市服务业在城市经济发展中具有支柱作用；从上海市发布的服务业相关政策来看，2021 年 6 月 16 日上海市人民政府发布的《上海市服务业发展"十四五"规划》中强调服务业作为上海市经济增长的主导力量，在"十四五"期间将从城市能级导向、价值增值导向、消费升级导向三个方面，通过提升资源在全球范围内配置，推动产业链、价值链高端增值和生产效率变革，强化制度供给和模式创新，最大限度提升消费者效用水平和满意程度，对进一步提升上海服务经济量能、打响"上海服务"品牌、构筑新阶段上海产业发展战略优势、提升城市能级和核心竞争力具有不可替代的作用。同年，上海市经济信息化委员会发布了《上海市生产性服务业发展"十四五"规划》，该文件明确了上海市服务业发展的重点方向。为了促进产业融合发展，上海市

---

① 数据来源：国家统计局官方网站。
② 本文以第三产业增加值作为服务业增加值的近似替代。
③ 数据来源：上海市统计局官方网站。

将围绕电子信息、生命健康、汽车、高端装备、先进材料、时尚消费品六大重点产业展开工作。从城市功能的角度来看，上海市作为全球资源配置、科技创新策源、高端产业引领和枢纽门户开放的中心，其发展重心必然会聚焦于服务业领域。在此基础上，上海市提出了建设国际经济中心、金融中心、贸易中心、航运中心和科技创新中心的宏伟目标，旨在推动产业链、供应链的高端升级和经济高质量发展。这一战略为新时期上海市服务业高质量发展和创新提供了明确的方向。

总的来说，服务业已经成为上海市经济增长、城市功能发挥、创新迭代、产业布局优化以及扩大开放的主要力量。本部分从高质量发展内核出发，基于服务业理论与现实内涵，比较上海市与北京市服务业发展差异，深入解析服务业高质量发展所需要素和空间动能，明确"十四五"时期服务业发展主要方向和着力点，为上海市与北京市服务业产业升级和国际化发展明确路径，也对我国服务业高质量发展和现代化建设起到重要借鉴意义。

第二节　文献综述

伴随中国服务业高速发展，服务经济在中国经济中的地位显著提升，服务业发展成为新时期高质量发展的重点内容之一。从本质上看，服务业属于非实体化经济，对国民经济影响具有"真实"促进规模增长与"名义"促进质量和水平提升两个方面（江小娟，2011）。服务业构成内容复杂，既包含劳动密集型的"纯劳动"行业（例如商品批发、家庭服务、餐饮等传统服务行业），也包含技术和资本密集型的现代新兴行业（例如创意咨询服务、软件开发、交通运输服务、证券保险等金融服务业等），对经济增长和可持续发展的作用是多方面的。

按产业特征和性质划分，服务业既有诸如餐饮、零售、文娱、商务服务等完全竞争性质的行业，也有通信网络服务、金融管理、医疗卫生等偏向垄断竞争和自然垄断性质的行业（邓仲良，2020）。关于服务业分类，国内外已有大量学者进行研究并划分。Browing 和 Singleman（1975）利用四分法，将服务业划分为生产性服务业、消费性服务业、流通性服务业和社会服务业四类。Grubel和Walker（1993）在考虑专业化分工和要素投入产出情况后，对服务业采取三分法进行分类，即分为生产性服务业、消费性服务业和公共基础性服务业，这也是目前我国大多文献中采用的服务业分类方法[①]（惠炜、韩先锋，2016；韩峰、阳立高，2020；任阳军等，2022）。Goodman和Steadman（2002）进一步针对要素的投入产出进行细致区分，将对中间要素需求高于60%的部门划分为生产性服务业，将低于40%的部门划分为消费性服务业，但因其对临界值选择的主观性，这一分类标准并未被学术界广泛认可。另外，国内学者在研究服务业与经济增长、就业、社会结构等问题时，还采用现代服务业（鲁玉秀等，2022）、人力资源服务业（李燕萍、李乐，2022）、科技服务业（张清正、李国平，2015；王智毓、冯华，2020）、创新与高端服务业（杨帆、杜云晗，2021）等分类及表述方法。

从服务业高质量发展角度，已有部分文献对我国服务业高质量发展内容、方式以及发展评价进行研究。首先要明确服务业高质量发展的提出是在我国提出高质量发展战略之后，基于服务业在经济运行中重要作用而产生的"新"概念（崔宏桥等，2022）。在全方位对外开放和创新发展背景下，服务业高质量发展是加快我国由服务业大国向服务业强国迈进的重要举措（王一鸣，2017）。姜长云（2019）基于我国的新发展理念，提出服务业的高质量发展主要体现在适应、创造和引领市场需求。在绿色、创新、共享、协调、开放的理念指导下，推动服务经济系统、整体和协同发展。作为高质量发展的关键领域，服务业需要加快寻找产业融合、服务创新以及传统服务业转型升级的方法。推进服务业全要素生产率的提升，是新阶段我国服务业高质量发展的重要任务。刘奕和夏杰长（2018）也强调了这一点，他们认为服务业的高质量发展需要注重创新和转型，以适应市场需求的变化，并推动整个经济体系的协同发展。同时，要清楚认识到现阶段我国服务业在规模、水平和质量上

[①] 生产性服务业包括交通运输仓储与邮政业，信息传输、软件和信息技术服务业，金融业，租赁和商务服务业，科学研究和技术服务业；消费性服务业包括批发与零售业，住宿和餐饮业，房地产业，居民服务、修理和其他服务业，文化、体育和娱乐业；公共基础性服务业包括水利、环境和公共设施管理业，教育，卫生和社会工作，公共管理、社会保障和社会组织。

均与发达国家存在明显差距，需要在制度管理、行业行为规范、产业结构改革、资金投入和人才引进等多方面共同发力（来有为，2018），推动服务业向高端化、前沿化、国际化发展。

基于上述文献研究，学者们在分类讨论不同类别服务业发展实际情况下，从经济增长促进、产业结构优化、生产效率提升、社会福利提高等方面，深入讨论服务业高质量发展的真实情况和现实挑战。但现有文献中少有以具体城市为观测对象分析服务业发展情况和趋势。本部分以上海市作为服务业发展研究对象，通过服务业数据分析，讨论上海市服务业高质量发展路径、经验和不足，为中国城市服务业发展提供参考借鉴。

第三节　上海市服务业发展现状与对比

本节结合上海市全球资源配置、科技创新策源、高端产业引领、开放枢纽门户"四大功能"布局，围绕创新型、服务型、开放型、总部型、流量型"五型经济"发展定位，以国际经济、金融、贸易、航运、科技创新"五个中心"为基础研究框架，利用时间序列数据，从总量和分行业两个方面深入分析上海市服务业发展实际情况，并比较上海市与北京市服务业发展差异。

（一）服务业是上海市经济增长的重要力量

2021年，上海市服务业增速10.73%，高于全国服务业增速水平。从图12-3-1中可以看出，上海市服务业占地区GDP比重多年来始终大于50%，且从2016年开始这一占比超过70%。相较全国产业构成情况而言，在统计期内上海市服务业增加值占比曲线一直高于全国服务业增加值占比曲线，意味着上海市服务业发展规模和体量构成位于国家平均水平以上。

中华人民共和国成立以来，上海市经济产业构成发生重大改变。图12-3-2给出了"一五"时期到"十三五"时期的上海市产业构成变化情况。可以看出，农业在上海市经济构成中的占比极低，对上海市经济发展的贡献微乎其微。工业是上海市"一五"时期到"六五"时期的重要产业，其在经济总量中的占比一直保持在 70% 以上，近年来随着服务业发展出现逐年下滑，到"十三五"时期结束时，工业在上海市的经济总量占比下降为 27.9%，而服务业占比增长为 71.8%，① 成为上海市经济增长的新引擎。

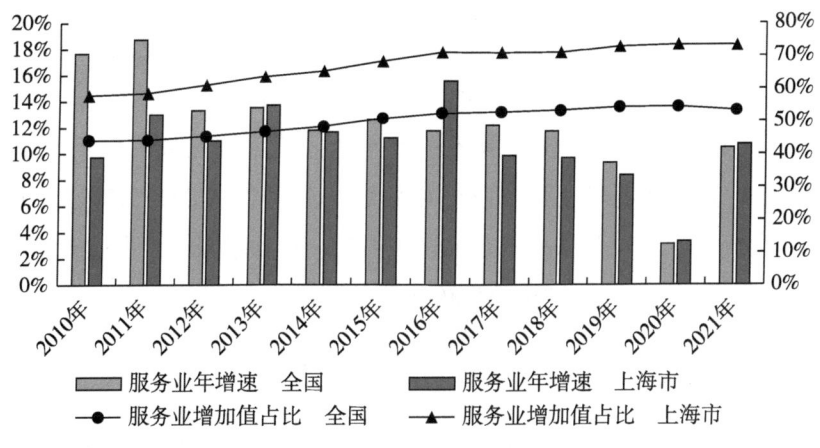

图 12-3-1 服务业总量增长和占比情况

数据来源：国家统计局官方网站

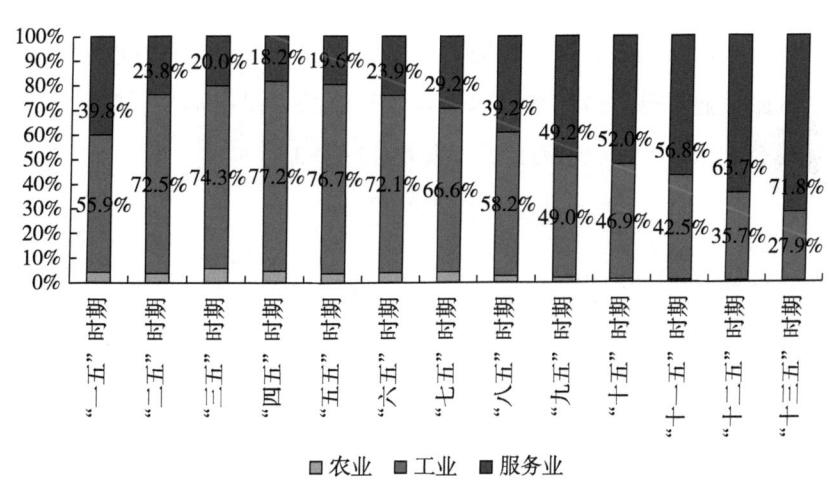

图 12-3-2 上海市分时期产业构成情况②

---

① 《上海市服务业发展"十四五"规划》中数据显示，"十三五"期间，上海市服务业年均增速为 7.1%，占全市生产总值的比重高达 73.1%。

② 本文农业数据用第一产业数据近似替代，工业数据用第二产业数据近似替代，服务业数据用第三产业数据近似替代。

数据来源：历年《上海统计年鉴》

（二）服务业成为上海市产业优化布局的重要方向

2022 年前三个季度，上海市服务业总营收为 34052.98 亿元，较 2020 年同比增长 3.3%。① 在新冠疫情反复等外部不利因素影响下，服务业企业营收基本保持增长趋势。从生产性服务业重点企业营收情况来看，相比于 2016 年，2020 年上海市生产性服务业重点领域企业营收从 25171.3 亿元上升至 30552.4 亿元，年均增长 4.96%。从经济拉动、韧性增强、活力提升等方面显示出服务业对上海市产业结构优化转型和布局升级的重要影响。

（三）服务业为上海市城市功能的发挥创造条件

随着技术革新和产业结构升级，上海市服务业实现较快发展。2021 年，全市信息传输、软件和信息技术服务业生产总值为 3392.88 亿元，较 2020 年增长 12.4%，为上海市服务业数字化发展提供有力的数字技术支持。从生产性服务业营收情况来看，交通运输、仓储和邮政业的营收存在明显增长，租赁和商务服务业与科学研究和技术服务业营收基本保持不变，信息传输、软件和信息技术服务业营收略有提升（见图 12-3-3）。

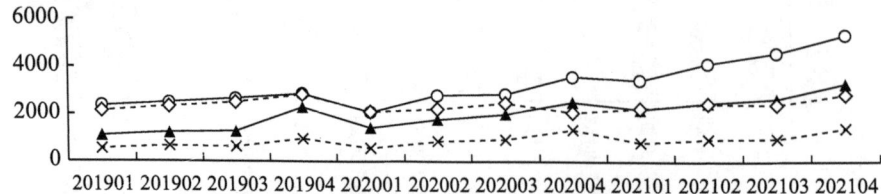

图 12-3-3　2019—2021 年分季度上海市生产性服务业发展情况

数据来源：历年《上海统计年鉴》

根据上海市统计局官方数据，截至 2022 年底，第三产业为全市贡献总计 33097.42 亿元，成为 2022 年拉动上海市地区生产总值增长的主要动力。从细

---

① 数据来自上海市统计局官方网站。

分服务业行业为地区创造的生产总值来看，金融业创造价值为8626.31亿元，较2021年同期增长5.2%，是上海市服务业增长的支柱行业。另外，信息传输、软件和信息技术服务业，房地产业以及租赁和商务服务业也均有6.2%、0.9%和0.2%的增长。然而，住宿和餐饮业，批发和零售业，交通运输、仓储和邮政业的生产总值却出现明显下降，下降幅度分别为17.7%、9.7%和8.1%。除此之外，图12-3-4展示了2022年上海市规模以上服务业企业营收的分类情况。从数据中可以看出，现代服务业[①]已成为上海市服务业营收的主要来源，占全部服务业营收的比重超过90%。

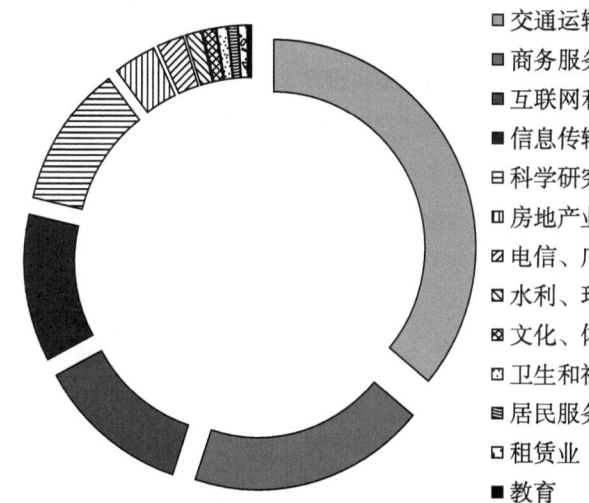

图12-3-4 2022年上海市规模以上服务业企业营收情况

数据来源：上海市统计局官方网站

（四）上海市与北京市服务业发展的总体趋势相近

随着服务业在地区经济所占比重的提升，上海市与北京市服务业地区生产总值逐年攀升。图12-3-5报告了2019—2021年上海市和北京市服务业地区生产总值的行业分布情况。从时间趋势上看，近年来上海市和北京市服务业发展规模和水平整体上都得到了很大提升，特别是上海市通过政策指导和

---

① 参考《现代服务业统计分类》（国家统计局令第36号），手动统计出现代服务业行业营收合计。

产业优化加快服务业发展速度，逐年缩小与北京市的服务业发展差距，与北京市的服务业地区生产总值差额从2019年的2014.6亿元下降至2021年的1274.6亿元。从行业分布特点来看，批发和零售业成为上海市与北京市的第一大服务业，占比均超20%。而与上海市主要通过发展交通运输、仓储和邮政业带动服务业增长有所不同，北京市更偏重信息传输、软件和信息技术服务业的发展。另外，住宿和餐饮业、金融业和房地产业的发展与升级也是上海市与北京市服务业地区生产总值快速增长的主要原因。

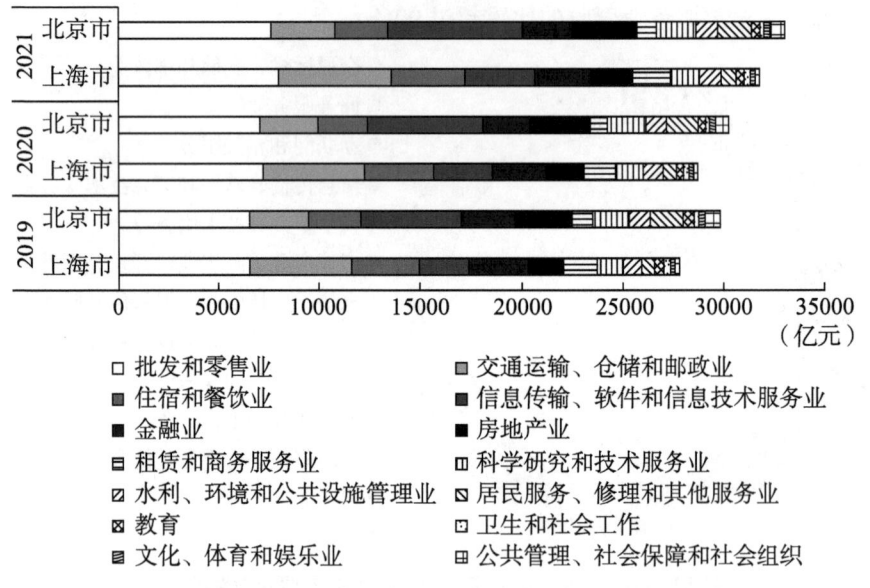

图12-3-5 2019—2021年上海市和北京市服务业分行业地区生产总值

数据来源：上海市和北京市统计局官方网站

图12-3-6报告了2021年上海市和北京市服务业企业从业人员和资产的行业分布情况。可以发现，2021年上海市与北京市服务业发展差异表现为特定行业的企业资产总额存在差距、同一行业从业人员雇用人数存在差距、同一行业企业资产总额与从业人员雇用人数存在双重差距。与高校资源丰沛和具有超大规模人口的北京市相比，上海市在教育、卫生和社会工作方面的从业人员差距形成了服务业发展的先天不足。与此同时，北京市在租赁和商务服务业的企业资产规模也极大拉动了服务业发展，加之在信息传输、软件和信息技术上的人员和企业资产双重优势，进一步扩大了北京市与上海市服务

业发展差距。但凭借沿海地理优势和商业发展便利，上海市批发和零售业的平均用工人数可观，2021年与北京市平均用工人数差额达45.24万人，一定程度上抵消了与北京市的服务业发展差距。

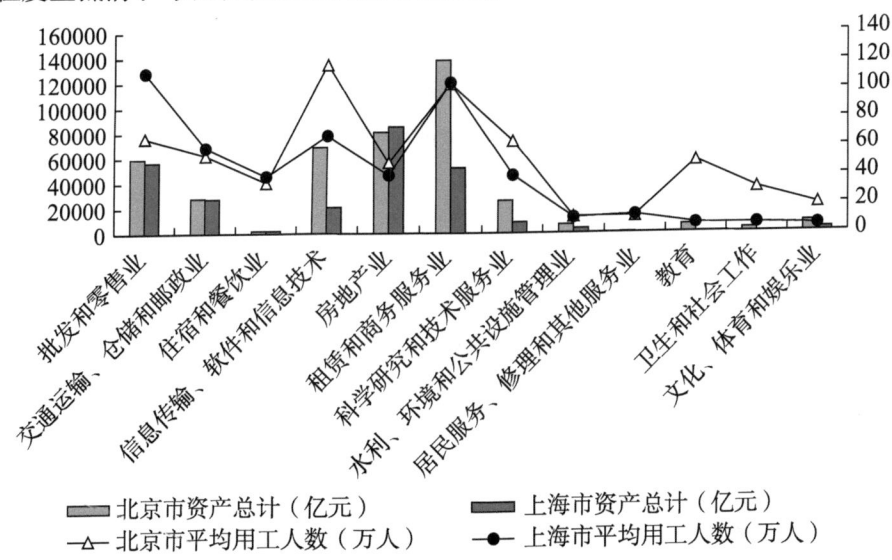

图 12-3-6　2021年上海市和北京市分行业服务业企业从业人员和资产情况

数据来源：上海市和北京市统计局官方网站

第四节　上海市服务业发展经验与启示

（一）坚持服务业创新发展与技术革新

上海市依托5G、大数据、云计算等新一代信息技术的发展，极大促进了服务业创新，将数字技术与金融、经济、贸易、教育、医疗、交通运输等服务业深度融合，有助于上海市服务业迎来新的发展机遇。因此，要实现服务业的高质量发展，我们需要借助数字技术的力量。通过数字赋能，我们可以创新"互联网+文化""互联网+教育"和"互联网+医疗"等模式，提高文化、教育和医疗等领域的供给效率。同时，我们还需要在核心技术、服务能力、市场竞争力以及影响力等方面不断提升服务品质和客户满意度。

（二）持续推进服务业领域改革

自 2015 年起，我国政府发布了众多关于服务业的重要政策文件，如《国务院关于积极推进"互联网+"行动的指导意见》《关于进一步扩大旅游文化体育健康养老教育培训等领域消费的意见》《服务业创新发展大纲（2017—2025 年）》等。这些政策文件为我国新时期服务业领域的改革提供了重要的指导意义。作为服务业发展的领先城市之一，上海市颁布了《服务型制造统计方法与评价指标研究》和《上海市发展服务型制造的重点模式与推进方法研究》，这将有效提升企业服务化率、改善服务业发展环境，并推动服务业发展生态和制度的改革。因此，从制度环境入手，加快服务业领域政策系统化和理论化，将有助于提升不同行业和区域服务业整体革新，从而促进服务业高质量发展。

（三）推动服务业行业集聚发展

上海湾区科创中心和上海市静安区产业园的成功经验表明，行业聚集是促进服务业快速发展的重要影响因素，能够有效提升企业的全要素生产率，促进产业规模扩张，加快规模经济和范围经济效应的实现。因此，为实现服务业高质量发展，可通过多点服务平台搭建，将分散资源进行对接联通，实现信息共享和创新协同；同时通过产业园区和产业中心的数字化、智能化、现代化，持续更新和完善服务的水平与质量，为不同服务业行业发展创造良性竞争和开放透明的营商环境，加速产业融合、产城融合、产经融合，充分享受行业聚集带来的服务业发展红利。

第五节　总结

上海市是服务业相对发达的国际化大都市，对于服务业发展研究具有借鉴价值。本章首先在文献综述部分，总结归纳了国内外学者关于服务业内涵、分类以及服务业高质量发展相关研究的进展和结论。其次，利用上海市和北京市的服务业相关统计数据，深入分析了上海市服务业发展现状。数据显示，服务业是上海市经济增长的重要力量，已经成为上海市产业优化布局的重要方向，并在一定程度上为上海市城市功能的发挥创造了有利条件。再次，通过梳理近年来上海市服务业发展的现实案例和政策安排，可以发现，坚持服务业创新发展与技术革新、持续推进服务业领域改革、推动服务业行业聚集发展是上海市服务业发展取得重大成效的根本原因，也是新发展阶段全国服务业发展可供参考借鉴的成功经验。最后，结合对上海市服务业的数据研究和经验总结，本章认为我国服务业的高质量发展，需要从坚持将产业融合发展作为服务业发展的重要趋势，加快建立并完善服务业行业监管体系，进一步扩大服务业对外开放领域和程度等方面入手，共同发力推动中国式现代化目标的实现。

第十三章 深圳现代服务业发展分析

深圳作为改革开放的高地，在发展中形成了以金融业为核心的独具特色的现代服务业，对城市经济增长有着巨大的拉动作用。此外，深圳市在现代服务业格局的构成以及发展中形成的良好环境和发展态势，对于北京现代服务业发展具有十分重要的借鉴意义。本章从深圳市现代服务业发展的现状及特点出发，分析其成功经验，在此基础上总结出对北京市现代服务业发展的启示。

第一节 引言

深圳市作为改革开放的先行区，是中国最年轻、最具活力和最富创新精神的城市之一。近几十年来，深圳市经历了令人瞩目的经济转型和现代服务业的蓬勃发展，尤其是"十三五"以来，深圳市坚持市场化、产业化、社会化发展方向，推进服务业供给侧结构性改革，培育出适应信息经济和创新发展要求的现代服务业体系，实现了现代服务业的高质量发展。近年来，深圳市服务业经济发展动能显著，发展质量持续提升，发展活力巨大，发展环境改善，聚集的发展格局不断完善。服务业已成为推动深圳经济发展的重要力量，提升城市服务功能的重要支撑，满足人民对美好生活向往的重要领域。

改革开放40多年以来，深圳市服务业发展始终走在国内的前列，取得了一系列成就。回顾和总结深圳市服务业的发展对于党的二十大提出的发展数字经济、优化产业布局、创新服务贸易发展、加快发展方式绿色转型等目标具有十分重大的借鉴意义。

第二节 文献综述

作为粤港澳大湾区最成功的城市之一,深圳市服务业相关研究可以为其他地区和城市更好地规划和推进服务业发展提供有益的借鉴。当前,关于深圳市服务业发展的研究主要有以下几种。

(一) 深圳市服务业细分行业的分析研究

2008年,《深圳市人民政府关于加快我市高端服务业发展的若干意见》(以下简称《意见》)指出,高端服务业是现代服务业的核心,具有高科技含量、高人力资本投入、高附加值、高产业带动力、高开放度、低资源消耗、低环境污染等特征。高端服务业发达程度逐步成为衡量一个地区综合竞争力和现代化水平的重要标志之一。自《意见》中深圳市政府提出加快发展高端服务业后,深圳的服务业尤其是高端服务业飞速发展,已成为深圳经济发展的重要组成部分。有关深圳市服务业细分领域的研究也多集中在高端服务业产业。汤霞、张敖(2017)对深圳市养老服务业标准化情况进行了研究,发现深圳市养老服务业存在标准化机制有待建立、工作意识有待增强、质量有待提高、人才与技术匮乏等问题,并针对这几项问题提出了针对性建议。贺菲(2018)从税收政策的角度分析了深圳市物流服务业的发展现状,并提出了改善深圳市物流业发展的税收政策,最后从深圳市物流服务业的发展上升到我国物流服务业的发展,对我国物流业发展提出税收政策上的建议。肖磊(2013)运用"偏离—份额"的方法,分析了深圳市服务业各行业的竞争优劣势和资源配置情况,发现信息传输、计算机服务和软件业、技术服务和地质勘察业有较强的竞争力和资源配置效应,交通运输、仓储和邮政业、房地产行业增速低于广东省服务业总体水平,但竞争力并没有削弱,且资源仍向其集中。

(二) 深圳市服务业产业布局与聚集的相关研究

贺传皎等(2012)以"产城互促"为指导思想,认为城市中心区是提升服务业发展水平的重点区域，因此应发展高新技术等增加值高的产业，过渡区应当对工业用地改居民用地的规模进行控制，并发展与居住功能相协调的文化创意、互联网等产业。赵波、纪淑娴（2013）从内生和外生机制两个角度分析了深圳市现代服务业聚集的形成和发展动力机制，他们指出深圳市现代服务业聚集的内生机制主要表现在创新环境、专业化分工、规模经济和范围经济等方面，同时政府外部力量所形成的外生机制也是不可缺少的。王娜等（2021）研究了深圳市生活性服务业的空间布局及其影响因素，发现在人口以及交通因素的影响下，深圳市生活性服务业分布不均匀，空间上呈带状分布，主要集聚在交通主干道及轨道线周边区域。章文等（2015）利用全局和局域 Moran 指数及其双变量变体，结合 Moran 散点图和 LISA 图，对深圳市的制造业和生产性服务业企业空间关联格局进行定量分析。研究表明，深圳市生产性服务业与制造业空间自相关性明显，且两者具有空间可分性，这为合理进行制造业和生产性服务业的空间规划布局提供了新思路。

（三）深圳市服务业产业协调发展研究

有不少学者研究了深圳市第三产业与第一、二产业融合发展情况。唐国兴、段杰（2009）验证了在深圳市工业化过程中，生产性服务业与制造业相互促进、相互共生的关系，在此基础上为深圳市服务业和制造业的转型升级提出建议。杜生鸣（2011）通过深圳市历年的工业和生产性服务业发展数据，证实了生产性服务业与工业存在长期相互推动发展的关系，还发现外资对于生产性服务业存在挤出效应。张军超、唐庚轩（2016）运用投入产出方法，发现 2007—2012 年深圳市生产性服务业经济地位不断提升，但未对其他产业部门产生较大的带动作用，对第一、二产业的升级发展作用较弱。徐腊平、吴刚（2010）通过借鉴全球服务业发展经验，结合深圳市宝安区现实状况，从产业融合的角度，提出了宝安区应以第二产业为基础，加速产业融合，实现生产性服务业的发展。还有不少学者关注服务业内部的协调发展问题。钟若愚（2007）从产业融合角度提出了深圳市服务业的发展不仅需要先进制造业与现代服务业的融合，同时服务业内部各行业的融合产业发展的带动作用也不可忽视。郭向阳、郭志仪（2014）分析与研究生产服务业产业—就业结构协调程度，以深圳市为例探索生产服务业在区域协调发展与产业升级过程中的作用机理与实现路径。发现深圳市生产服务业是区域产业结构调整与优化升级的关键性产业，在国民经济中是劳动力转入产业，各细分产业有较大差异，但对劳动力转入有一定要求，存在供需结构性矛盾。在此基础上提出了促进生产服务业产业—就业结构协调发展的对策与建议。王淑婧、陈忠媛（2005）通过构建指标分析广州和深圳服务业发展竞争力，发现深圳市金融业、保险业较发达，因此服务业内部结构水平高于广州，但同时由于金融业、保险业发达而导致服务业内部发展不平衡。

第三节 深圳服务业发展现状

（一）第三产业发展迅速，经济发展新引擎的地位不断巩固

近20多年来，深圳市第三产业蓬勃发展，在深圳市三次产业中的主导地位日益显著。首先从绝对值来看（见表13-3-1），深圳市第三产业发展迅猛，2000年增加值为1086亿元，占GDP比重为49.6%。2008年，《深圳市人民政府关于加快我市高端服务业发展的若干意见》中指出深圳市发展高端服务业的重要意义，并指出了发展高端服务业的战略机遇，2008年起，深圳市第三产业增加值始终占本市GDP的50%以上，成为真正的支柱产业，同时也意味着实现了三次产业"三二一"的战略性调整。2020年深圳市第三产业增加值为17190亿元，相比2000年增长了近16倍。其次，从第三产业对经济发展的贡献来看，第三产业的主导地位不断巩固，成为深圳市经济发展的新引擎。近20年来，深圳市第二产业与第三产业整体上呈此消彼长的趋势，"十二五"以来，深圳市提出大力发展现代服务业，不断提升现代服务业的规模、层次和水平，第三产业对GDP增长的贡献率整体水平在60%左右，且2019年达到了72.4%。近20年来，第三产业对GDP增长的拉动率也几乎均高于第二产业，第三产业已经是深圳市经济发展名副其实的新引擎了。

表 13-3-1 深圳三次产业增加值及其对 GDP 增长的贡献率与拉动率一览

年份	本市生产总值 总值（亿元）	本市生产总值 环比增速（%）	第二产业增加值及占比 增加值（亿元）	第二产业增加值及占比 比重（%）	第三产业增加值及占比 增加值（亿元）	第三产业增加值及占比 比重（%）	产业对GDP增长的贡献率 第二产业（%）	产业对GDP增长的贡献率 第三产业（%）	产业对GDP增长的拉动率 第二产业（%）	产业对GDP增长的拉动率 第三产业（%）
2000	2187	15.7	1086	49.7	1086	49.6	48.39	51.48	7.6	8.08
2001	2482	14.3	1230	49.5	1237	49.8	48.7	51.14	6.96	7.31
2002	2970	15.8	1465	49.3	1488	50.1	48.24	51.63	7.62	8.16
2003	3586	19.2	1817	50.7	1754	48.9	57.24	43.16	10.99	8.29
2004	4282	17.3	2211	51.6	2059	48.1	56.55	43.72	9.78	7.56
2005	4951	15.1	2643	53.4	2299	46.4	64.49	35.9	9.74	5.42
2006	5814	16.6	3060	52.6	2747	47.3	48.4	51.92	8.04	8.62
2007	6802	14.8	3417	50.2	3378	49.7	36.08	63.92	5.34	9.46
2008	7787	12.1	3860	49.6	3918	50.3	45.06	54.81	5.45	6.63
2009	8201	10.7	3827	46.7	4368	53.2	−8.06	108.44	−0.86	11.6
2010	10069	12	4728	47.5	5335	52.4	59	41	7.3	5
2011	11923	21	5602	47.0	6315	53.0	54.2	45.8	5.5	4.6
2012	13496	13.2	6045	44.8	7445	55.2	36.1	63.9	3.7	6.5
2013	15234	12.9	6665	43.7	8563	56.2	42.1	58	4.5	6.1
2014	16795	10.2	7232	43.1	9557	56.9	40.5	59.5	3.6	5.3
2015	18437	9.8	7687	41.7	10742	58.3	37.9	62.1	3.4	5.6
2016	20686	12.2	8324	40.2	12353	59.7	36.6	63.4	3.4	5.9
2017	23280	12.5	9338	40.1	13923	59.8	42.1	57.7	3.7	5.1
2018	25266	8.5	9996	39.4	15248	60.0	49.1	50.8	3.8	3.9
2019	26992	6.8	10402	38.5	16565	61.4	27.5	72.4	1.8	4.8
2020	27670	2.5	10454	37.8	17190	62.1	25.5	74.6	0.8	2.3

（二）现代服务业发展迅速，服务业发展质量不断提升

"十五"期间，现代服务业发展取得突破，物流、金融、信息服务等生产

性服务业迅速发展，消费性服务业不断涌现新业态、新产品，现代金融业保持较快发展，文化产业成为发展新亮点，现代服务业体系初步形成。"十一五"期间，现代服务业增加值实现3362亿元，占服务业增加值的比重达到66.5%，成为推动服务业发展的主导力量。同时，深圳市形成了多层次的证券市场，基金形态不断完善，传统物流服务加速升级，文化创意产业与其他产业融合的新业态不断涌现，高端旅游业日益突出，高技术服务业竞争力不断增强，深圳市服务业发展水平显著提升。"十二五"时期，服务业产业结构进一步优化，2015年现代服务业增加值实现7134亿元，占服务业增加值的比重达到69%，现代服务业高端化特征初步显现；"十三五"期间，人工智能、云计算、大数据等新一代信息技术的广泛应用催生出一大批新业态、新模式的现代服务业，实现了深圳市现代服务业的快速发展，实现增加值13084亿元，占服务业增加值的比重达到76%，实现服务业内部结构的进一步优化。

（三）政府高度重视，为现代服务业营造良好的政策和发展环境

《深圳市服务业发展"十四五"规划》中指出了深化服务业管理体制改革的目标，积极发挥市场在资源配置中的决定性作用，深化"放管服"改革，破除制约服务业高质量发展的体制机制障碍，最大限度释放服务业发展活力。近年来，深圳市政府出台了一系列关于加快金融改革创新、加快发展现代物流业及文化产业等大力扶持现代服务业发展的政策措施，在规划引导、专项资金配套、协调服务等方面，为现代服务业的发展大开绿灯。深圳市政府在"十一五"时期，编制了12个涉及服务业发展的重点专项规划，占25个重点专项规划总量的48%。促进现代服务业发展的"十二五"重点专项规划，以科学谋划与定位加强对现代服务业的引导；深圳市政府着力抓高端突破，成立了高端服务业工作领导小组，全面协调和推进高端服务产业发展；在政府财政预算中设立产业发展资金科目，其中，对金融、物流、文化三方面的产业资金进行分类核算和管理，年度扶持资金规模已达5.5亿元。"十三五"期间，搭建十大生产性服务业公共服务平台，打造生产性服务业高地，出台支持绿色金融和金融人才发展的政策措施，打造市级金融控股平台，提高金融服务实体经济效能；"十四五"期间，深入推进前海深港现代服务业合作区建设，深化与港澳服务贸易的自由化。良好的政策环境，成为深圳市现代服务业发展的加速器。深圳市已初步形成以高端服务业为核心，以现代金融、现代物流、文化三大行业为支柱，以商贸流通、旅游、房地产、餐饮酒店四大行业为主导，以会展、商务服务、科技服务、信息服务、社区服务五大行业为新兴业态的现代服务产业体系。

（四）鼓励创新，打造现代服务业发展的良好势头

作为改革开放的高地，深圳具有先行试点的浓厚改革氛围，为现代服务业的创新发展提供了不可多得的宽松环境，金融、物流、文化产业等创新亮点纷呈，发展迅猛。深圳市出台了一系列鼓励支持金融创新的政策，形成了良好的金融创新氛围，同时促进了深圳市金融业20年来的蓬勃发展。

（五）转变经济发展方式，现代服务业与高新技术相融合

深圳市服务业"十四五"规划中指出，要加快服务创新，构筑发展新动能。自"十一五"深圳以转变经济发展方式作为经济工作的主线以来，深圳市在近年来的发展中展现出了高新技术产业与现代服务业的深度融合。这种融合不仅推动了经济的快速增长，还提升了城市的国际竞争力和创新能力，使深圳成为中国和全球现代服务业与高新技术产业融合的典范之一。这些创新不仅提升了金融行业的效率，还支持了现代服务业的发展。深圳积极推动数字经济的发展，涵盖云计算、大数据、人工智能等领域。数字经济成为现代服务业的重要组成部分，支持了电子商务、在线教育、智慧城市等服务的提供。深圳市鼓励文化创意产业与高新技术产业的融合。动漫、虚拟现实（VR）、增强现实（AR）等技术与文化创意产业相结合，推动了娱乐、文化体验和教育等服务领域的发展。深圳积极推动智慧城市建设，利用高新技术提升城市管理和服务水平。深圳通过物联网、大数据技术，实现城市治理和服务的智能化，促进智慧城市建设，智能交通、智慧医疗、智能教育等现代服务领域与高新技术融合，为城市居民提供更便捷、更高效的服务；深圳市出台的一系列鼓励金融创新的政策使其成为中国金融科技创新的热门地区之一。众多金融科技企业在深圳落地生根，提供创新的金融服务解决方案，如

移动支付、区块链技术、智能投顾等。"十四五"以来,以新能源、生物医药等为代表的新兴服务业逐渐崭露头角,高新技术与服务的深度融合成为经济转型的重要方向。

第四节 对北京市服务业发展的启示

(一)强化重视,优化现代服务业发展环境

良好的营商环境、政策环境成为深圳市近年来现代服务业腾飞的重要因素。北京市应围绕制约现代服务业发展的制度性障碍,探索具有突破性的政策和机制改革,加强新兴服务业态和模式的监管创新,努力营造公平、公正的市场环境。

一是要放宽市场准入门槛,简化企业注册、执照申请和市场准入程序,降低创业和投资门槛,缩短审批周期,提高办事效率。

二是要增强市场主体发展活力。深化国资国企改革,推动国有资本在现代服务业重点领域布局,持续推进科技、文化领域事业单位分类改革。健全反垄断执法机制,加强企业反垄断合规指导,出台经营者竞争合规指引,明确竞争行为底线边界,提升企业合规意识和能力。完善公平竞争审查制度,全面清理民营企业在市场准入、审批许可等方面的隐性壁垒,依法平等保护民企产权和企业家权益。

三是要健全市场监管防控机制。探索新兴监管模式。建立适应数字经济发展特征的全链条监管模式,对事中事后监管能够纠正且有效防范风险的市场准入事项探索实行告知承诺制,在部分领域试点推行"备查制"改革。大力推动包容审慎监管,针对新业态、新技术、新产业,在严守安全底线的前提下,制定暂时性的监管政策,为新事物的发展提供生存和发展空间。深化市场监管风险洞察平台运用,健全企业信用风险监管指数,率先实现现代服务业分级分类监管机制。

（二）鼓励创新，增创发展新动能

深圳市把发展的基点放在创新上，鼓励创新，依托金融创新、产业发展基金等，形成了良好的创新氛围，同时也培育了以金融业为核心的现代服务业体系。

北京市应该以建设国际一流的创新创业聚集地为目标，发挥好中关村的带动作用，鼓励企业家精神和创新精神，巩固提升研发服务优势，促进科技成果转移转化，提升创新链、延伸产业链、配置服务链，深度支撑北京"高精尖"产业体系建设，推动新业态的涌现，更好发挥对全国乃至全球创新的辐射引领作用。

（三）打造发展新引擎，构建发展新格局

深圳市以"科技+文化"的模式，培育了一大批以腾讯、华为等为代表的具有强大文化软实力的高新技术企业，对城市经济发展做出越来越显著的贡献。

北京市可依托自身优势，积极促进现代服务业与先进制造业的深度融合，包括深入推动技术融合、业务合作和价值链扩展，培育新的业态和模式，争取在高端生产服务领域占据高点，以高品质的服务支持高科技产业的创新发展。

一是要加快制造业高质量发展。健全制造业供应链服务体系，培育供应链服务企业、服务平台、服务网络，推进重点行业供应链体系智能化、可视化，打造生产制造和产品流通消费的一体化服务。同时，通过建立研发合作项目、设立创新基地以及鼓励双方分享知识和技术，促进制造业与服务业协调创新，共同解决问题并开发新产品和服务。

二是要强化服务型制造业核心优势。将服务业在市场调研、咨询、产品定制等方面的优势同制造业生产优势相结合，开展个性化定制生产，培育服务业衍生制造，支持电子商务、研发设计等产业向制造环境拓展，推动生产制造组织调整与升级。

三是要推动数字赋能产业融合升级。利用物联网、大数据、人工智能等

数字化技术，检测产品性能、用户行为、市场趋势，把握用户需求，创造新的增值服务。支持在重点功能区、科技园区等建设公共型数字化转型促进中心和开源社区，强化平台、服务商、金融等数字化转型公共服务。同时，面向现代农业发展需求，支持开发应用软件、智能控制系统、产品质量安全追溯系统，推进农业大数据应用、涉农电子商务发展。

参考文献

[1] Alvstam C G, Kettunen E, Ström P. The service sector in the free-trade agreement between the EU and Singapore: closing the gap between policy and business realities [J]. Asia Europe Journal, 2017, 15: 75-105.

[2] Barlet M., Briant A., Crusson L.. Location patterns of service industries in France: A distance-based approach [J]. Regional Science and Urban Economics, 2012, 43 (2).

[3] Ben-Ami D. London's Financial Services: After the Credit Crunch [M]. London After Recession. Routledge, 2016: 115-126.

[4] Boulding K E. The Coming of Post-industrial Society: a Venture in Social Forecasting [M]. New York: Basic Books, 1980: 83-84.

[5] Browning, Harley L., Singelmann, Joachim. The Emergence of a Service Society: Demographic and Sociological Aspects of the Sectoral Transformation of the Labor Force in the USA [M]. National Technical Information Service, Springfield 1975. 6.

[6] Chee W T. Workforce productivity enhancement and technological upgrading in Singapore [J]. ASEAN Economic Bulletin, 1997: 46-56.

[7] Chow H K, Pei S F. Financial sector in Singapore [J]. Routledge Handbook of Banking and Finance in Asia, 2018: 165-178.

[8] Deardorff A V. Lnternational Provision of Trade Services, Trade and Fragmentation [J]. Review of International Economics, 2001 (2): 233-248.

[9] Eschenbach F, Hoekman B. Services Policy Reform and Economic Growth in Transition Economies [J]. Review of World Economics, 2006 (4): 746-764.

理，2016，38（10）：55-60.

［157］张玉红，朱永杰．用多重模式发展北京现代服务业［J］．中国科技信息，2010（6）：181-183.

［158］赵波，纪淑娴．深圳市现代服务业集聚动力机制研究［J］．经济体制改革，2013（6）：170-173.

［159］赵家章，丁国宁．香港离岸贸易发展现状及经验借鉴［J］．首都经济贸易大学学报，2020，22（2）：35-44.

［160］中国数字发展指数报告［R］．北京：零壹智库，2021.

［161］钟若愚．产业融合：深圳服务业发展的现实路径选择［J］．深圳大学学报（人文社会科学版），2007（1）：33-37.

［162］钟云燕．现代服务业的界定方法［J］．统计与决策，2009（6）：168-169.

［163］周冯琦．世界城市纽约对上海新一轮发展的启示［J］．世界经济研究，2003（7）：28-33.

［164］周海成．国际大都市科技创新与金融"双中心"建设的经验与启示——以纽约、伦敦为例［J］．科学管理研究，2016，34（1）：105-108.

［165］周红，周祥，刘诗琪．天津科技服务业创新发展策略研究——新加坡产业创新生态系统建设的启示［J］．国际经济合作，2019，401（5）：147-158.

［166］周静．生产性服务业的发展模式研究［J］．上海经济研究，2015（1）：50-58.

［167］朱竞若．"五子"联动推动北京高质量发展［N］．人民日报，2023-01-11.

［168］朱兰，邱爽，吴紫薇．发展思路、产业结构变迁与经济增长：以新加坡和中国香港为例［J］．当代财经，2022（3）：3-15.

［169］朱晓青，寇静．北京现代服务业的现状与发展路径研究［M］．北京：经济管理出版社，2011.

力评价研究［J］.软科学，2014，28（3）：130-134，144.

［143］杨圣明.当代世界服务业发展新趋势［J］.经济学动态，2008（9）：38-42.

［144］杨亚琴，王丹.国际大都市现代服务业集群发展的比较研究——以纽约、伦敦、东京为例的分析［J］.世界经济研究，2005（1）：61-66.

［145］姚战琪.现代服务业综合试点政策对服务贸易高质量发展的影响机制研究［J］.江西社会科学，2023，43（9）：77-90，207，2.

［146］虞卓然.生产者服务业发展与经济增长的关系研究［D］.南京：南京大学，2012.

［147］袁峰，陈俊婷."一带一路"中国区域现代服务业发展水平评价——基于面板数据及突变级数法的分析［J］.华东经济管理，2016，30（1）：93-99.

［148］原毅军，陈艳莹.中国高端服务业发展研究［M］.北京：科学出版社，2011.

［149］张寒旭，刘沁欣.粤港澳大湾区科技服务业协同发展研究——基于产业链的视角［J］.科技管理研究，2021，41（21）：176-185.

［150］张红，申红艳，孙艳艳，张敏.世界城市金融业圈层发展路径研究——以伦敦为例［J］.城市问题，2021（1）：96-103.

［151］张军超，唐庚轩.深圳生产性服务业增长、结构及与各产业的融合［J］.商业研究，2016（4）：1-8.

［152］张恺，周俭.法国城市规划编制体系对我国的启示——以巴黎为例［J］.城市规划，2001（8）：5.

［153］张立真.2021年香港经济形势报告［J］.港澳研究，2022（2）：62-70，95.

［154］张明志，刘红玉，李兆丞，张英.中国服务业高质量发展评价与实现路径［J］.重庆工商大学学报（社会科学版），2022，39（3）：24-37.

［155］张清正，李国平.中国科技服务业集聚发展及影响因素研究［J］.中国软科学，2015（7）：75-93.

［156］张伟.香港经济的结构性问题与发展路径研究［J］.当代经济管

经济科学出版社，2014.6.

［129］王兆宇．世界城市服务业发展的结构特征与经验借鉴［J］．城市发展研究，2015，22（12）：5-8.

［130］王智毓，冯华．科技服务业发展对中国经济增长的影响研究［J］．宏观经济研究，2020（6）：102-113，121.

［131］魏作磊．发达国家服务业就业结构变迁对我国的启示［J］．经济管理，2007（1）：72-79.

［132］吴欣望，夏杰长．知识密集型服务业与结构转型［J］．财贸经济，2006（1）：86-88.

［133］吴雪明．世界城市的空间形态和人口分布——伦敦、巴黎、纽约、东京的比较及对上海的模拟［J］．世界经济研究，2003（7）：6.

［134］向俊波，谢惠芳．从巴黎、伦敦到北京——60年的同与异［J］．城市规划，2005（6）：19-24.

［135］肖磊，鲍张蓬，田毕飞．我国服务业发展指数测度与空间收敛性分析［J］．数量经济技术经济研究，2018，35（11）：111-127.

［136］肖磊，吴娟娟．中国服务业发展的区域差异与空间溢出效应［J］．统计与决策，2020，36（16）：91-95.

［137］肖磊．基于偏离-份额法的服务业竞争力与结构变化实证分析——以深圳市为例［J］．商业时代，2013（25）：120-122.

［138］邢志宏．服务业在新时代改革开放中迈向高质量发展［N］．中国信息报，2020-02-06（1）．

［139］熊世伟．上海与国际大都市服务业发展的对比［J］．现代城市研究，2004（4）：24-30.

［140］徐腊平，吴刚．推进我国生产性服务业发展的路径与对策分析——以深圳宝安为例［J］．华东经济管理，2010，24（7）：67-69.

［141］杨帆，杜云晗．创新与高端服务业人才集聚对经济增长影响的共轭效应研究——基于西部地区城市面板数据的分析［J］．中国软科学，2021（10）：82-91.

［142］杨珂玲，蒋杭，张志刚．基于TOPSIS法的我国现代服务业发展潜

[114] 唐子来, 李粲, 肖扬, 李涛, 黎智枫. 世界经济格局和世界城市体系的关联分析 [J]. 城市规划学刊, 2015 (1): 1-9.

[115] 陶纪明. 服务业的内涵及其经济学特征分析 [J]. 社会科学, 2007 (1): 21-28.

[116] 田华泉, 张祥建. 生产性服务业的集群化发展模式与形成机理——基于伦敦和纽约的比较 [J]. 上海经济研究, 2010 (9): 46-54.

[117] 王朝阳, 何德旭. 英国金融服务业的集群式发展: 经验及启示 [J]. 世界经济, 2008 (3): 89-95.

[118] 王江, 王丹. 北京市发展生产性服务业的战略思考 [J]. 国际经济合作, 2012 (6): 76-80.

[119] 王江, 王丹. 新形势下北京服务外包的竞争力评价及发展前景 [J]. 国际商务 (对外经济贸易大学学报), 2012 (5): 23-31.

[120] 王江, 魏晓欣. 北京与其他世界城市高端服务业发展的比较研究 [J]. 经济体制改革, 2014 (3): 53-57.

[121] 王兰, 刘刚, 邱松, 布伦特·D·瑞安. 纽约的全球城市发展战略与规划 [J]. 国际城市规划, 2015, 30 (4): 18-23, 33.

[122] 王猛, 王有鑫. 城市文化产业集聚的影响因素研究——来自35个大中城市的证据 [J]. 江西财经大学学报, 2015 (1): 12-20.

[123] 王娜, 吴健生, 彭子凤. 基于多源大数据的深圳市生活性服务业空间格局及影响因素研究 [J]. 热带地理, 2021, 41 (5): 956-967.

[124] 王淑婧, 陈忠暖. 广州与深圳服务业竞争力的对比研究 [J]. 华南师范大学学报 (自然科学版), 2005 (1): 123-129.

[125] 王一鸣. 抓住机遇 加快向服务业强国迈进 [N]. 经济日报, 2017-07-21 (15).

[126] 王迎新. 法国服务贸易自由化与监管及其启示 [J]. 国际贸易, 2016 (2): 48-55.

[127] 王钰, 张维今, 孙涛. "一带一路" 沿线区域服务业发展水平评价研究 [J]. 中国软科学, 2018 (5): 101-109.

[128] 王云霞, 等. 北京发展现代服务业的金融支持研究 [M] 北京:

[100] 邱伟年，隋广军. 广州建设国际商贸中心城市研究——国际大都市发展转型的经验与启示 [J]. 国际经贸探索，2012，28（5）：94-106.

[101] 任阳军，齐颖秀，梁栋. 生产性服务业集聚对城市绿色经济效率的影响 [J]. 统计与决策，2022，38（19）：120-123.

[102] 任英华，邱碧槐，朱凤梅. 现代服务业发展评价指标体系及其应用 [J]. 统计与决策，2009（13）：31-33.

[103] S. 沙森.《全球城市：纽约、伦敦、东京》[M]. 上海：上海社会科学院出版社，2005.

[104] 尚永胜. 我国现代服务业的发展现状、问题及对策 [J]. 山西师大学报（社会科学版），2005，32（5）：25-28.

[105] 申畅. 黑龙江省传统服务业向现代服务业发展的模式研究 [J]. 商业经济，2009（17）：106-108.

[106] 沈克华，彭羽. 离岸贸易与香港国际贸易中心地位的演变——兼论对上海国际贸易中心建设的启示 [J]. 亚太经济，2013（3）：143-148.

[107] 沈玉良，彭羽，高疆，等. 数字贸易发展新动力：RTA 数字贸易规则方兴未艾——全球数字贸易促进指数分析报告（2020）[J]. 世界经济研究，2021，323（1）：3-16+134.

[108] 盛朝迅. 现代化产业体系的特征要求与构建路径 [J]. China Economist，2023，18（6）：2-25.

[109] 孙畅，唐菁. 中国高端服务业的分布动态、区域差异及空间收敛特征 [J]. 统计与决策，2022，38（10）：46-51.

[110] 孙瑾. 基于风险厌恶和面子需求视角的顾客忠诚驱动机制分析——以中国和新加坡保险服务业为例 [J]. 管理评论，2014，26（7）：115-124.

[111] 孙群郎，王乘鹏. 纽约全球城市地位的确立及其面临的挑战 [J]. 福建师范大学学报（哲学社会科学版），2012（2）：52-59，81.

[112] 谭洪波，郑江淮. 中国经济高速增长与服务业滞后并存之谜——基于部门全要素生产率的研究 [J]. 中国工业经济，2012（9）：5-17.

[113] 唐国兴，段杰. 生产性服务业和制造业互动发展分析——以深圳市为例 [J]. 山西财经大学学报，2009（S1）：92-94.

布动态［J］.深圳大学学报（人文社会科学版），2017，34（4）：43-49.

［86］刘国芬.香港产业结构的演变与出路［J］.特区经济，2006（3）：65-67.

［87］刘瑞，伍琴.首都经济圈八大经济形态的比较与启示：伦敦、巴黎、东京、首尔与北京［J］.经济理论与经济管理，2015（1）：79-94.

［88］刘曙华.生产性服务业的区位模式及其动力机制研究［D］.上海：华东师范大学，2007.

［89］刘徐方.智慧服务：现代服务业发展研究［M］北京：中国水利水电出版社，2019.

［90］刘奕，夏杰长.推动中国服务业高质量发展：主要任务与政策建议［J］.国际贸易，2018（8）：53-59.

［91］卢涛.发展现代服务业的国内外经验借鉴及建议［J］.财政研究，2012（5）：72-75.

［92］鲁玉秀，方行明，唐礼智，等.数字经济对城市现代服务业空间集聚的影响与异质性检验［J］.统计与决策，2022，38（21）：25-30.

［93］陆萍，解彬.借鉴国际经验推动天津服务业高质量发展的思考［J］.天津经济，2022（9）：3-11.

［94］毛艳华，信超辉，荣健欣.粤港澳大湾区中心城市空间结构与集聚扩散特征［J］.华南师范大学学报（社会科学版），2021（6）：26-37，205.

［95］毛艳华，信超辉，卓乘风.粤港澳大湾区及周边城市生产性服务业空间网络结构及经济效应研究［J］.广东社会科学，2022（4）：26-37.

［96］孟潇，聂晓潞，纪若雷.关于现代服务业内涵辨析与发展经验的评析［J］.经济研究参考，2014（26）：41-49.

［97］潘海岚.服务业发展水平的评价指标的构建［J］.统计与决策，2011（3）：23-25.

［98］庞毅，宋冬英.北京现代服务业发展研究［J］.经济与管理研究，2005（10）：40-43.

［99］彭张林.综合评价过程中的相关问题及方法研究［D］.合肥：合肥工业大学，2016.

管理研究，2016，37（1）：63-69.

［72］贾品荣．2022 北京产业高质量发展指数报告［J］．中国经济报告，2022，131（3）：44-59.

［73］江小涓，李辉．服务业与中国经济：相关性和加快增长的潜力［J］．经济研究，2004（1）：4-15.

［74］江小涓．服务业增长：真实含义、多重影响和发展趋势［J］．经济研究，2011，46（4）：4-14，79.

［75］姜长云．服务业高质量发展的内涵界定与推进策略［J］．改革，2019（6）：41-52.

［76］康志男，王海燕．基于智能制造视角的中国香港再工业化探究［J］．科学学研究，2020，38（4）：619-626.

［77］来有为．推动服务业高质量发展需解决几个关键问题［N］．经济日报，2018-07-12（15）．

［78］雷新军，春燕．东京产业结构变化及产业转型对上海的启示［J］．上海经济研究，2010（11）：66-79.

［79］李朝鲜，方燕，等．北京现代服务业与经济增长实证研究［M］北京：经济科学出版社，2011.7.

［80］李春顶，东艳，靳航．香港国际金融中心建设的经验及对深圳的启示［J］．深圳大学学报（人文社会科学版），2016，33（4）：19-25.

［81］李燕萍，李乐．人力资源服务业高质量发展评价指标体系及测度研究——基于 2012—2020 年中国数据的实证［J］．宏观质量研究，2022，10（5）：1-14.

［82］李勇坚，夏杰长．高端服务业：维护和促进国家经济安全的战略产业［J］．国际贸易，2012（12）．

［83］梁军，从振楠．产业集聚与中心城市全要素生产率增长的实证研究——兼论城市层级分异的影响［J］．城市发展研究，2018，25（12）：45-53.

［84］梁军．基于创新系统视角的知识密集型服务业国际化动因分析［J］．科技进步与对策，2006（9）：132-134.

［85］林晓薇，陈忠．我国 31 个省现代服务业发展潜力的水平特征及分

60-66.

[59] 郭向阳，郭志仪. 新时期传统经济特区生产服务业协调发展与产业升级研究——基于深圳市产业—就业结构的实证 [J]. 西北人口，2014，35 (5)：40-44.

[60] 国家统计局服务业调查中心课题组. 服务业发展水平的综合评价 [J]. 中国统计，2009 (6)：9-10.

[61] 国家统计局统计科研所信息化统计评价研究组，杨京英，熊友达，等. 信息化发展指数优化研究报告 [J]. 管理世界，2011，219 (12)：1-11.

[62] 韩峰，阳立高. 生产性服务业集聚如何影响制造业结构升级？——一个集聚经济与熊彼特内生增长理论的综合框架 [J]. 管理世界，2020，36 (2)：72-94，219.

[63] 何德旭，姚战琪. 加快发展现代服务业的几个问题 [J]. 财贸经济，2008 (5)：5-10，128.

[64] 何理，董笑蕊，韩雯，李昕昕. 利用关键事件促成北京金融中心建设——基于伦敦和纽约的案例研究 [J]. 南方金融，2013 (3)：23-28.

[65] 贺传皎，王旭，邹兵. 由"产城互促"到"产城融合"——深圳市产业布局规划的思路与方法 [J]. 城市规划学刊，2012 (5)：30-36.

[66] 贺菲. 促进深圳市现代物流服务业发展的税收政策研究 [D]. 广州：广东财经大学，2022.

[67] 洪涓，邓唯佳. 北京市高端服务业竞争力评价与发展模式思考 [J]. 商业时代，2014 (29)：136-137.

[68] 胡俊，尹靖华，宁愉加. 服务业高质量发展促进了制造业企业高质量发展吗？——来自服务业综合改革试点的经验证据 [J]. 西部论坛，2023，33 (6)：33-48.

[69] 惠炜，韩先锋. 生产性服务业集聚促进了地区劳动生产率吗？[J]. 数量经济技术经济研究，2016，33 (10)：37-56.

[70] (加) 格鲁伯 (Grubel, Herbert G.)，(加) 沃克 (Walker, Michael A.) 著；陈彪如译. 服务业的增长原因与影响 [M]. 上海：三联书店，1993.11.

[71] 季剑军，曾昆. 服务业对外开放与竞争力关系的研究 [J]. 经济与

[J]．华东经济管理，2021，35（11）：61-76．

[45] 陈少兵．香港产业转型升级的特点与反思［J］．广东社会科学，2017（6）：90-96，250．

[46] 陈淑祥．国内外区域中心城市现代服务业发展路径比较研究［J］．贵州财经学院学报，2007（4）：54-58．

[47] 崔宏桥，吴焕文，朱玉．服务业高质量发展评价指标体系构建与实践［J］．税务与经济，2022（1）：85-91．

[48] 邓丽姝．北京与香港、上海服务功能的整合［J］．开放导报，2012（6）：76-79．

[49] 邓仲良．中国服务业发展及其集聚效应：基于空间异质性的视角［J］．改革，2020（7）：119-133．

[50] 丁守海，陈秀兰，许珊．服务业能长期促进中国就业增长吗［J］．财贸经济，2014（8）：127-137．

[51] 杜生鸣．深圳市生产性服务业与工业互动关系实证研究［J］．城市问题，2011（6）：7175．

[52] 冯邦彦，彭薇．香港与伦敦、纽约国际金融中心比较研究［J］．亚太经济，2012（3）：87-92．

[53] 冯邦彦．香港产业结构第三次转型：构建"1+3"产业体系［J］．港澳研究，2015（4）：38-46，95．

[54] 高玫．我国中心城市现代服务业发展现状与路径选择［J］．企业经济，2012，31（12）：108-111．

[55] 顾乃华，毕斗斗，任旺兵．中国转型期生产性服务业发展与制造业竞争力关系研究——基于面板数据的实证分析［J］．中国工业经济，2006（9）：14-21．

[56] 关长海．城市现代服务业竞争力研究［D］．天津：天津大学，2007．

[57] 郭建军．独立以来新加坡外向型经济的发展：全球化与区域化视角［D］．昆明：云南大学，2012．

[58] 郭岚，农卫东，张祥建．现代生产性服务业的集群化发展模式与形成机理——基于伦敦和纽约的比较［J］．经济理论与经济管理，2010（10）：

Services Marketing, 2003 (7): 230-245.

［33］Paolo Guerrieri. Valentina Melician. Technology and international competitiveness: The interdependence between manufacturing and producer services [J]. Structural Change and Economic Dynamics, 2005, 16 (4): 489-502.

［34］Ruyun Deng. Analysis of the development of the Hong Kong industry in comparison with the structure of the Shanghai industry [J] Financial Engineering and Risk Management, 2021, (4) 3.

［35］SASSEN S. The Global City: New York, London, Tokyo [M]. Princeton: Princeton University Press, 2001: 85-170.

［36］Tan A B C, Van Dun D H, Wilderom C P M. Innovative work behavior in Singapore evoked by transformational leaders through innovation support and readiness [J]. Creativity and innovation management, 2021, 30 (4): 697-712.

［37］Wong C Y L, Millar C C J M, Ju Choi C. Singapore in transition: from technology to culture hub [J]. Journal of knowledge management, 2006, 10 (5): 79-91.

［38］北京市"服务业新动能研究"课题组,夏翙,郭宏达,李柏峰.国际大都市服务业发展规律及启示［J］.前线,2018（9）:76-78.

［39］查贵勇.上海、香港和新加坡服务贸易发展比较分析［J］.上海经济研究,2011（1）:106-112.

［40］车春鹂,高汝熹,吴晓隽.纽约与上海市法律服务业集群比较研究［J］.上海交通大学学报（哲学社会科学版）,2010,18（1）:47-53.

［41］陈广汉,任晓丽.粤港澳大湾区城市群产业集聚变动的经济效应分析［J］.亚太经济,2021（2）:143-152.

［42］陈进,等.北京现代服务业研究［M］.北京:对外经济贸易大学出版社,2009.

［43］陈景华,韩茹,徐金,刘展豪.现代服务业高质量发展的测度、差异及演变——基于山东三大经济圈的视角［J］.山东财经大学学报,2022,34（2）:64-80.

［44］陈景华,徐金.中国现代服务业高质量发展的空间分异及趋势演进

[21] Krugman P. Increasing returns and economic geography [J]. The Journal of Political Economy, 1991 (3): 483-499.

[22] LESLIE D. Abandoning Madison Avenue: The relocation of advertising services in New York City [J]. Urban Geography, 1997, 18 (7): 568-590.

[23] LONGCORE T R, REES P W. Information technology and downtown restructuring: The case of New York City's financial district [J]. Urban Geography, 1996, 17 (4): 354-372.

[24] M. Eswaran, A. Kotwal. The Role of Service Sector in the Process of Industrialization [J]. Journal of Development Economics, 2002, (68).

[25] Mahadevan R. Sources of output growth in Singapore's services sector [J]. Empirical Economics, 2000 (25): 495-506.

[26] Mi Ziyu. Research on the causes of industry composition and development forecast trend in Hong Kong [J] Financial Engineering and Risk Management, 2021, 4 (4).

[27] Michie R C. A Financial Phoenix: The City of London in the Twentieth Century [M]. 2005: 15-41.

[28] Morrar Rabeh. Innovation in French services compared to manufacturing: an empirical analysis based on CIS4 [J]. Journal of Innovation Economics, 2014, 13 (1).

[29] Müller A. The government in the economic history of Singapore [J]. South African Journal of Economic History, 1997, 12 (1-2): 54-76.

[30] Norrman Vera. Progress in development of producer price indices for the service industries in Europe [J]. Statistical Journal of the United Nations Economic Commission for Europe, 2005, 21 (3-4).

[31] Pandit N R, Cook G A S, Swann P G M. The dynamics of industrial clustering in British financial services [J]. Service Industries Journal, 2001, 21 (4): 33-61.

[32] Pandit N R, Cook G. The benefits of industrial clustering: Insights from the British financial services industry at three locations [J]. Journal of Financial

[10] Fujita M, Krugman P. The new economic geography: past, present and the future [J]. Papers in Regional Science, 2003, 83 (1): 139-164.

[11] Goodman, Bill; Steadman, Reid. Services: business demand rivals consumer demand in driving job growth [J]. Monthly Labor Review. 2002, 125 (4): 3.

[12] Greenfield H. Manpower and the Growth of Producer Services [M]. Columbia University Press, 1966.

[13] Gurbaxani V, Kraemer K L, King J L, et al. Government as the driving force toward the information society: National computer policy in Singapore [J]. The Information Society, 1990, 7 (2): 155-185.

[14] Haley U C V, Low L. Crafted culture: governmental sculpting of modern Singapore and effects on business environments [J]. Journal of Organizational Change Management, 1998, 11 (6): 530-553.

[15] Han S S. Global city making in Singapore: a real estate perspective [J]. Progress in Planning, 2005, 64 (2): 69-175.

[16] Han S S. Polycentric urban development and spatial clustering of condominium property values: Singapore in the 1990s [J]. Environment and Planning A, 2005, 37 (3): 463-481.

[17] Hansen N. Factors in Danish field: how high-wage, flexible production has succeeded in peripheral Jutland [J]. International Regional Science Review, 1991 (14): 109-132.

[18] Hipp C, Grupp H. Innovation in the service sector: The demand for service-specific innovation measurement concepts and typologies [J]. Research policy, 2005, 34 (4): 517-535.

[19] Hollenstein H. Innovation modes in the Swiss service sector: a cluster analysis based on firm-level data [J]. Research policy, 2003, 32 (5): 845-863.

[20] Koleda N, Lace N. Dynamic factor analysis of financial viability of Latvian service sector companies [J]. Economics and Management, 2010, 15 (2010): 620.